国家社会科学基金一般项目
项目批准号：11BJY037
项目名称：我国社会保障公平的非均衡发展研究

我国社会保障公平的非均衡发展研究

Research on The Disequilibrium Development of China's Social Security Equity

吕学静 江 华/著

图书在版编目（CIP）数据

我国社会保障公平的非均衡发展研究/吕学静，江华著 .—北京：经济管理出版社，2016.11

ISBN 978－7－5096－4580－2

Ⅰ.①我… Ⅱ.①吕… ②江… Ⅲ.①社会保障—研究—中国 Ⅳ.①D632.1

中国版本图书馆 CIP 数据核字（2016）第 204238 号

组稿编辑：曹　靖
责任编辑：曹　靖
责任印制：黄章平
责任校对：王　淼

出版发行：经济管理出版社
　　　　（北京市海淀区北蜂窝 8 号中雅大厦 A 座 11 层 100038）
网　　址：www.E－mp.com.cn
电　　话：（010）51915602
印　　刷：北京九州迅驰传媒文化有限公司
经　　销：新华书店
开　　本：720mm×1000mm/16
印　　张：10.75
字　　数：214 千字
版　　次：2016 年 12 月第 1 版　2016 年 12 月第 1 次印刷
书　　号：ISBN 978－7－5096－4580－2
定　　价：58.00 元

·版权所有　翻印必究·

凡购本社图书，如有印装错误，由本社读者服务部负责调换。

联系地址：北京阜外月坛北小街 2 号
电话：（010）68022974　邮编：100836

摘 要

自现代社会保障制度建立以来，其整个发展进程无不包括调整和修正社会保障在不同群体之间公平分配程度。改革与调整经济公平程度是世界各国社会保障的发展目标。我国政府也一直在不断探索与中国国情相适应的城乡统筹、全体国民共享的社会保障制度体系，但社会保障事业在快速发展中忽略了二元经济结构条件下城乡社会保障的公平分配、省际经济发展的非均衡条件下社会保障配置不公平以及这种不公平的根源出自何处等重要问题，偏离了社会保障资源分配公平的终极目标。因此，对社会保障经济公平的评估显然对于推进我国社会保障发展进程的理论创新，进而探索社会保障经济公平均衡发展的思路建议具有重要意义。对此，本书立足于中国社会保障快速发展的现状，以城乡、区域的行政区划为框架，运用实证与规范分析方法，深入、系统研究中国社会保障公平的非均衡问题，提出我国社会保障公平均衡发展的方法与途径，以期为党和政府制定与实施社会保障政策提供新的观点及科学依据，推进中国特色社会保障事业公平、均衡、科学发展。

本书共 8 章内容，除第 1 章引言以外，第 2 章是本书分析的基础和前提，第 3 章对中国社会保障发展进程进行回顾，第 4、第 5 两章是对中国城乡、省际和区域的现实分析评估，第 6 章通过对东、中、西部居民调查主观评价社会保障公平状况，第 7 章是国际经验借鉴，第 8 章是对中国社会保障公平均衡发展提出政策建议。

第 1 章，引言。主要介绍问题的缘起、相关概念的界定、本书的研究思路、研究所运用的方法及研究创新和不足等。

第 2 章，理论基础与评述。主要梳理国内外公共品理论、公平理论、社会保障发展模式理论和非均衡发展理论的研究成果。其中，公平理论包括福利经济学公平思想、平均主义理论、罗尔斯机会均等理论、诺齐克过程公平理论、德沃金权利公平理论等。

第 3 章，社会保障制度的非均衡发展进程。本章按照城镇、农村、城乡一体化三个层面全面回顾了我国社会保障制度非均衡发展的实践进程，为后文分析提供全面的背景基础。

第4章，城乡社会保障经济公平非均衡发展评估。本章首先对城乡社会保障经济公平评估的指标进行了选择与说明，研究发现，除医疗保险制度覆盖面、实际覆盖面和社会适应性三项指标外，其他各维度指标均呈现出对农村不公平的失衡发展状态。同时，由于现实的城乡社会保障财政性投入和资源总量的配置偏离均衡点较大，农村存在改进的"有效空间"，所以需要注重城乡社会保障的起点公平，不断改善制度的流动性和统一性，重视社会保障与经济增长的匹配性，加大财政对农村投入等方面的措施来实现城乡社会保障的公平均衡发展。

第5章，省际社会保障经济公平非均衡发展评估。本章首先对省际社会保障经济公平评估的指标进行了选择与说明，测度评估2001~2010年中国各个省份和东、中、西部社会保障经济公平的非均衡发展状态，并对各个省份的社会保障经济公平发展状态聚类分析。研究发现，2001~2010年省际社会保障经济公平发展不均衡但程度在逐渐缩小；社会保障与经济发展水平不匹配，财政支持社会保障发展缺乏制度约束，社会保障财政依存度存在风险因素，社会保障流动性不足是非均衡的重要因素；东部与中、西部之间非均衡程度显著，中、西部之间逐渐缩小，需要从经济均衡发展、社会保障匹配经济水平、提高制度流动性、规范财政投入制度约束和防范财政依存度风险等方面采取措施，以改变非均衡发展状态。

第6章，社会保障公平的认知调查与评估。本章中笔者对2009年、2013年两次调查进行分析与比较，评估居民对社会保障制度的存在认知、过程公平认知、结果公平认知和不公平状态的归因与公平预期，通过比较分析研究居民对社会保障公平的动态变化。

第7章，社会保障经济公平非均衡发展的国际经验。本章选择美国、德国和日本3个发达国家作为研究对象，首先对3个国家的社会保障现实情况进行可行性分析，以此选择比较指标。然后根据选择指标对3个国家的指标进行了对比，对他们的社会保障公平均衡发展实践进行经验总结，得出结论性启示：经济公平的均衡发展是社会保障制度的终极目标所在；起点公平是必然结果，但需要一定的时间进程；过程公平由制度设计的完善决定；结果公平的均衡程度需要政府强力裁决与调控；动态公平需要适应经济发展和社会保障结构优化；国土面积和人口密度的大小也是均衡发展的重要因素之一；国际实践经验的中国借鉴需要适应中国"土壤"。

第8章，中国社会保障经济公平均衡发展的建议。实现中国城乡、省际社会保障经济公平均衡发展需要坚持社会保障经济公平非均衡发展存在的必然性原则，选择适合中国国情的社会保障发展模式，降低初次分配不公平的程度，优化制度顶层设计，完善制度的科学性与合意性，建立健全社会保障财政支持制度，统筹城乡发展，还农民国民待遇、市民待遇，还东、中、西部公民公平待遇，制定相关配套措施。

本书以公平理论和非均衡发展理论为基础，将在以下几方面进行理论、方法与实践的尝试和创新：

（1）理论创新：公平衡量指标的引入、创建和整合。一是指标引入，将弹性、贡献率、不平衡指数等相关学科指标引入测度社会保障的公平；二是指标创建，创建城乡、省际、区域社会保障适度公平的若干指标；三是指标整合，将社会保障公平衡量的国际通用指标、引入指标、新创建指标整合，形成社会保障公平判别衡量指标体系，作为建造数理模型的基础和社会保障公平非均衡发展的理论基础。形成的评估指标体系可分为五个维度体系结构，分别是静态公平、动态公平、适应性、非均衡度量、城乡均衡标准。其中，静态公平又包括起点公平、过程公平和结果公平三个子维度。

（2）方法创新：量化公平。本书将试图对公平概念在量化上寻求突破，把政府视角、专家视角与民众视角有机结合，注重融合相关学科理论，对城乡、省际、区域之间经济公平进行指标量化、数据分析，对社会公平的动态比较。

（3）在国际经验借鉴方面，以实施投保资助型社会保障模式国家为样本框，以不同国土面积、人口密度、经济发展水平等基本条件为标准，兼顾东西方发达国家，选择美国、德国和日本为借鉴对象，从整体状况、起点公平考察3个国家社会保障非均衡发展到均衡的演变历程，总结3个国家起点、过程、结果、动态公平的非均衡发展规律，得出对中国社会保障公平发展的启示。

目　录

1 引言 ·· 1
　1.1 问题的提出 ··· 1
　1.2 相关概念界定 ·· 4
　1.3 研究方法与思路 ·· 8
　1.4 研究的创新点与不足 ·· 12

2 理论基础与评述 ··· 13
　2.1 公平理论 ··· 13
　2.2 社会保障发展模式理论 ···································· 21
　2.3 非均衡发展理论 ·· 28

3 社会保障制度的非均衡发展进程 ···························· 31
　3.1 城镇社会保险制度的发展演变 ························· 31
　3.2 农村社会保险制度的发展演变 ························· 42
　3.3 社会救助制度的发展演变 ································ 45
　3.4 社会福利制度的发展演变 ································ 47
　3.5 城乡社会保障制度一体化的实践与演进 ··········· 49

4 城乡社会保障经济公平非均衡发展评估 ················· 55
　4.1 文献回顾与评述 ·· 56
　4.2 指标选择与数据说明 ······································· 57
　4.3 城乡非均衡发展实证分析 ································ 63
　4.4 结论 ··· 73

5	省际社会保障经济公平非均衡发展评估	74
	5.1 文献回顾与评述	74
	5.2 指标选择与数据说明	75
	5.3 省际非均衡发展实证分析	80
	5.4 省际非均衡发展的聚类分析	87
	5.5 三大地带的非均衡发展评估	89
	5.6 结论	92
6	社会保障公平的认知调查与评估	94
	6.1 调查方法与问卷设计	94
	6.2 城乡社会保障社会公平感调查及评估分析	98
	6.3 结论	107
7	社会保障经济公平非均衡发展的国际经验	109
	7.1 比较国家、指标选择与概念界定	109
	7.2 社会保障经济公平非均衡发展的国际实践	113
	7.3 实践与发展规律	124
	7.4 启示	129
8	中国社会保障经济公平均衡发展的建议	133
	8.1 确立社会保障经济公平非均衡发展的目标	134
	8.2 优化制度顶层设计，调整社会保障资源内部结构分配	137
	8.3 坚持社会保障经济公平非均衡发展的必然性原则	138
	8.4 选择适合中国的社会保障制度整合模式	140
	8.5 缩小初次分配不公平的程度	142
	8.6 建立健全社会保障财政支持制度	143
	8.7 其他配套措施	144

附录　调查问卷 145

参考文献 151

课题组发表的论文成果和获得成果奖励 162

1 引 言

1.1 问题的提出

自1883年德国的《疾病社会保险法》公布起,世界上第一套完整的、以社会保险为主题的新型工人社会保险体系逐步建立,之后社会保险制度在各工业国家蔓延。至1935年美国颁布《社会保障法》后,社会保障一词正式登上历史舞台。20世纪末已经有170多个国家和地区建立全面的社会保障制度体系,社会保障制度已经成为现代社会不可或缺的社会、经济制度,各国学者也通过实证研究、规范研究论证了社会保障具有经济运行"减震器"、社会"稳定器"和实现社会公平"调节器"等功能,各国政府也越来越重视社会保障在经济社会发展中的作用。但随着经济社会快速发展,社会保障覆盖群体扩大,社会保障支出越来越大,社会保障自身发展也出现区域和群体分配不公平状况,迫切需要自我发展和完善。

1.1.1 改革与调整公平程度是各国社会保障的发展目标

第二次世界大战以后,西方发达国家为了医治战争创伤,消除社会贫困,缓和阶级、阶层矛盾,普遍建立了针对贫困者、军人、工人等群体的社会保障制度,随着经济财富的快速增长和积累,社会保障覆盖群体不断扩大,出现了城市与农村、区域和群体之间保障制度和保障水平的不公平。20世纪70年代,西方发达国家相继出现经济危机,失业人口增长,贫富差距加大,社会保障的公平需求一定程度导致了社会保障支出规模不断加大,刚性的支出面临着支付困境。80年代以后,西方国家的"福利危机"开始显现。近年来,经济全球化、人口老龄化使得社会保障制度面临着更为复杂的挑战。2008年美国金融危机引发的全球性经济危机使各国再次反思社会保障制度与经济社会发展的关系,新的共识是社会保障制度是危机中保护社会的稳定器,可以恢复和增强公众应对金融危机的信心。之后进行的 2009 年美国医疗制度改革、2011 年英国等福利国家对社会保障支出的"瘦身"等行为,其内容实质均包括调整和修正社会保障在不同群体之间公平分配程度,同时进一步完善制度,消除社会保障发展的"过"和"不及"。

自 20 世纪 80 年代以来,各国学者站在全球视野,对社会保障自身发展和规律不断探索研究,如何实现经济高速发展和社会保障相得益彰、如何公平分配促进社会公平和经济社会发展成为国际上对社会保障研究的重要方向。

1.1.2 公平分配社会保障资源是社会发展需要和社会保障事业终极目标

新中国成立 60 多年来,我国社会保障体系从建立到健全,从国家保障到社会化保障,社会保障事业取得了巨大成就,同时也存在城乡之间、区域之间、行业之间发展不公平等一些值得深入反思和研究的重要问题。我国 1950 年颁布《救济失业工人暂行办法》,1951 年颁布《劳动保险条例》,自此开始建立政府主导的城乡二元社会保障制度。国家机关、事业单位和全民、集体所有制企业员工享受了由政府和企业提供的社会福利待遇;农村的社会保障则只有很少的农村五保、传统合作医疗以及救灾救济。这种二元社会保障制度的实施扩大了城乡居民之间的收入差距,没有顾及公平正义问题。

改革开放后,1978 年第五届全国人民代表大会第一次会议通过的《宪法》修正案,对劳动者的福利、养老、疾病医疗或者丧失劳动能力的物质帮助以及对伤残军人、烈士家属等生活保障作出原则规定。从 1986 年起,社会化的社会保障改革步伐加快,其核心内容是为国有企业改革配套和缓解贫困地区的乡村贫困,民众开始为社会保障承担一定责任。但由此也决定了社会保障作为配套改革的实施重心在城镇,城镇的社会保障制度社会化调整加快,而农村社会保障几乎丧失殆尽。虽然农村社会保障事业也在不断探索,如 1991 年第一个针对农村居民社会保障的《农村社会养老保险基本办法》出台,1992 年印发《县级农村社会养老保险基本方案(试行)》(民办发〔1992〕2 号),但终因制度设计缺陷导致实施效果不尽如人意。其间城乡收入差距也进一步扩大,城乡收入比自 1986 年的 2.1 扩大至 2001 年的 2.9,社会保障没有起到缓解收入差距扩大的功能。直至 2002 年 11 月,中共十六大提出"深化分配制度改革,健全社会保障体系";2003 年 10 月,十六届三中全会提出科学发展观,强调要统筹城乡发展、统筹经济社会发展,加快社会保障体系建设。随后,我国农村社会保障改革力度加大。2003 年,民政部开始部署农村最低生活保障制度,同年,《国务院办公厅转发卫生部等部门关于建立新型农村合作医疗制度意见的通知》(国办发〔2003〕3号)启动了农村医疗保险,新型农村合作医疗制度开始在全国部分县(市)农村试点。2007年党的十七大提出"加快推进以改善民生为重点的社会建设",同年新型农村合作医疗参合率达到86.2%,根据《国务院关于开展城镇居民基本医疗保险试点的指导意见》(国发〔2007〕20号)精神,城镇居民医疗保险逐步开展。2009年5月22日,中共中央政治局第13次集体学习会,胡锦涛提出了"坚持广覆盖、保基本、多层次、可持续"的加快建立覆盖城乡居民的社会保障体系。2009年9月1日,国务院出台了《关于开展新型农村社会养老保险试点的指导意见》(国发〔2009〕32号),在全国10%的县(市、区)开展新型农村社会养老保险试点,弥补了城乡之间社会保障的最大短腿。2010年10月28日,《社会保险法》在十一届全国人民代表大会常务委员会第十七次会议被通过,至此,一个城乡统筹、全体国民共享的社会保障制度体系正在形成。

从发展阶段看,进入21世纪后,城乡社会保障在国家推动下快速发展,然而支撑社会保障发展的经济财富在城乡、区域严重不均衡。面对我国这样一个经济基础还比较薄弱、人口众多的发展中大国,社会保障事业快速发展的进程为我们研究社会保障经济公平均衡发展提供了如下命题:二元经济结构条件下城乡社会保障分配是否符合经济公平原则?评估标准是什么?均衡发展的标准是什么?省际和区域经济的非均衡发展是否对应了社会保障的非均衡?社会保障公平非均衡的根源出自何处?对经济和社会发展造成了什么负面影响?实现城乡、省际和区域社会保障公平均衡发展的思路和措施是什么?对这些命题系统研究,将在理论上回答我国社会保障公平非均衡发展的理论基础、理论内容,推进我国社会保障发展进程的理论创新;进而探索社会保障公平非均衡发展理论,探讨社会保障公平非均衡发展与学术界其他理论之间的区别与联系、继承与超越,推进和深化中国特色社会保障公平非均衡发展理论的学术研究。而且,以上命题是中国社会保障经济公平非均衡发展过程中的基础问题,通过系统研究这些基础问题,对城乡、省际和区域之间社会保障经济公平进行从理论到实践的深入分析,并总结借鉴发达国家(地区)社会保障历史发展进程中对公平的兼顾经验,为我国社会保障公平发展进程提供相对科学的参照,为党和政府分配社会保障资源提供标准依据,为相关政府主管部门推进社会保障公平配置资源提供现实性、针对性和可操作性的具体政策方案,促使中国特色社会保障发展少走弯路。

综上,本书立足于中国社会保障快速发展的现状,对城乡、省际与区域社会保障经济公平的非均衡发展进行客观评估、系统研究,以总结历史、改革现状,为我国社会保障经济公平的均衡发展探索新理论、新思路和新方法,努力为党和政府制定和实施社会保障政策提供新观点和科学依据,积极推进中国特色社会保障事业公平、均衡、科学发展。

1.2 相关概念界定

1.2.1 社会保障概念与属性

本书研究的社会保障概念如前文所述是指社会化的保障。考察其发展进程，在1986年以前还没有社会保障概念，一直延续"国家—单位"保障制，使用"劳动保护"概念。1986年4月12日第六届全国人民代表大会通过的《国民经济和社会发展第七个五年计划》中第一次提出要建立起具有中国特色社会主义的社会保障制度雏形，建立健全社会保险制度，要改革社会保障管理体制，坚持社会化管理与单位管理相结合，以社会化管理为主。自此社会保障的概念开始在中国使用。同年7月12日，国务院颁布《国营企业职工待业保险暂行规定》，由此，我国社会保障真正进入由国家—单位保障制迈向国家—社会保障制的转型期（郑功成，2002）[1]。以1993年11月14日中国共产党第十四届三中全会通过的《关于建立社会主义市场经济体制若干问题的决定》为标志，社会保障概念被进一步明确为包括社会保险、社会救济、社会福利、优抚安置和社会互助、个人储蓄积累保障等内容，同时城镇养老保险和医疗保险金由单位和个人共同负担，实行统账结合的形式，自此社会保障制度急剧变革，其概念内涵也随着保障项目多样化步入全面社会化的轨道。至2007年10月15日，在中国共产党第十七次代表大会的报告中，再一次表述"社会保障体系"是指以"以社会保险、社会救助、社会福利为基础，以基本养老、基本医疗、最低生活保障制度为重点，以慈善事业、商业保险为补充"，至此，社会保障概念基本形成共识、相对完善。

关于社会保障的公共品属性问题，中外学者都认同社会保障基本公共服务具有公共品属性，但并非纯公共品。约瑟夫·斯蒂格里茨[2]认为，社会保障是介于公共产品与私人产品之间的一种产品，是宜于由政府强制提供给公民消费的优效品。邓大松等（2000）认为社会保障不同时具备公共产品的两个特征，因而将社会保障归为准公共产品（或混合品）[3]。杨燕绥（2006）将社会保障表述为是最

---

[1] 郑功成. 中国社会保障制度变迁与评估 [M]. 北京：中国人民大学出版社，2002.
[2] 约瑟夫·斯蒂格里茨. 公共部门经济学（第三版）. 北京：中国人民大学出版社，2005.
[3] 邓大松等. 中国社会保障若干重大问题研究 [M]. 深圳：海天出版社，2000.

大的公共服务项目之一①。无论从基本理论还是从实践分析,社会保障产品都同时具有非竞争性与竞争性、非排他性与排他性、非拒绝性与拒绝性,其不是纯公共产品,而是一种准公共产品(柯卉兵,2010)②。学者在讨论社会保障公共品属性时均是严格从公共品的非竞争性与非排他性作出断定,但如果从基本公共服务的概念内涵出发,基本公共服务指建立在一定社会共识基础上,由政府主导提供的,与经济社会发展水平和阶段相适应,旨在保障全体公民生存和发展基本需求的公共服务③。享有基本公共服务属于公民的权利,提供基本公共服务是政府的职责。《国家基本公共服务体系"十二五"规划》中对社会保障范畴的社会保险、社会救助(归属于基本社会服务中)、基本医疗服务以及就业失业服务等内容作了统筹规划,并提出逐步建立城乡一体化的基本公共服务制度,健全促进区域基本公共服务均等化的体制机制,促进公共服务资源在城乡、区域之间均衡配置,缩小基本公共服务水平差距。因此,不论社会保障是否按照西方经济学理论所指严格意义上的公共品,除慈善事业和商业保险之外的核心内容却是政府需要供给的基本公共服务,且在这点上已经达成共识。

基本公共服务的归属及明显的外部效应特征也决定了政府必须对社会保障进行干预和控制,即使社会保障中包含的带有私人品属性的内容,出于对人的权利的尊重、国家和社会责任及调节改善初次收入分配状态的需要,政府的干预也是不可或缺的。如果采取市场手段调节、走社会保障私有化的道路,则低收入群体和欠发达区域者将无法或很少享受到社会保障基本公共服务数量和质量,穷人的生存权、健康权和发展权就会受到侵害,产生较大经济不公平,对社会公平产生不利影响,因而社会保障作为公共服务供给需要公平、平等和均衡供给。

1.2.2 财政性社会保障支出

梳理改革开放以来统计、财政部门对财政社会保障概念的界定和统计口径变化,大致有三个阶段:

第一阶段是1978~1997年,社会保障财政性支出主要包括抚恤和社会福利救济费、行政事业单位的离退休费,这一阶段是对计划经济社会保障运行的沿袭。城镇主要由国有、集体企业负责所属职工及家属的养老、医疗、就业、住房等保障,农村则主要依靠家庭和集体经济供给社会保障服务。在统计核算中,1997年以前行政事业单位的离退休费一直从属于抚恤和社会福利救济费支出,

---

① 杨燕绥. 社会保障:最大项公共品之一[J]. 中国劳动保障, 2006(4): 20-21.
② 柯卉兵. 社会保障转移支付的公共经济学解析[J]. 当代财经, 2010(8): 33-39.
③ 《国务院关于印发国家基本公共服务体系"十二五"规划的通知》(国发〔2012〕29号), 2012年7月11日发布。

此后才开始在财政支出中单独列支。

第二阶段是1998~2006年,自1993年我国社会保障制度开始急剧变革,随着社会化保障制度转型的深入,1995年开始建立统账结合的企业职工养老保险制度,1998年建立城镇职工基本医疗保险制度,1999年失业保险条例颁布,2003年试行新型农村合作医疗保险制度,由于制度建立运行需要较大初始资金和国家持续投入,由此统计核算中,在第一阶段的范围之上增加了财政部门对社会保障的补助支出。

第三阶段是2007年以后,我国对政府收支分类项目的设置情况进行改革,将抚恤和社会福利救济费、行政事业单位的离退休费、社会保障补助支出以及与社会保障财政支出相关的所有支出费用统一合并为"社会保障和就业支出"。

在已有研究成果中,林治芬①(2002)将"财政性社会保障支出"定义为财政部门所支付的全部社会保障支出,即社会保障补助支出加上抚恤和社会福利救济费、行政事业单位离退休经费。多数学者沿用此财政性社会保障支出概念开展研究。彭海艳②(2007)以医疗卫生支出、抚恤和社会福利支出、行政事业单位离退休支出以及社会保障补助支出定义为社会保障支出。笔者按照前述社会保障概念的内涵和变化进程,综合已有研究成果,在可用的统计资料范围内,通过比对统计口径,将"社会保障"与基本公共服务结合定义"财政性社会保障支出"概念,认为彭海艳(2007)使用范围不是其所指社会保障支出,而是财政性社会保障支出,本书将以社会保障和就业支出(包括社会保障补助支出、抚恤和社会福利救济费、行政事业单位离退休经费)与财政性医疗卫生支出之和作为财政性社会保障支出展开研究。对于财政性医疗卫生支出需要说明的是该指标范围包括各级政府用于医疗卫生服务、医疗保障补助、卫生和医疗保障行政管理、人口与计划生育事务性支出等各项事业的经费,但由于无法去除人口与计划生育事务性支出费用,本书只能将财政性医疗卫生支出全部计算在内。

1.2.3 社会保障支出

社会保障支出概念有狭义和广义之分,国际上狭义的社会保障一般是指老年、遗属、伤残等社会保险缴费与收益计划,国外很多学者的理论研究为了方便数据获得,选择以公共养老金水平代表狭义的社会保障水平(Galenson③,1968;

---

① 林治芬. 中国社会保障的地区差异及其转移支付 [J]. 财政研究,2002 (5).
② 彭海艳. 我国社会保障支出的地区差异分析 [J]. 财经研究,2007 (6).
③ Galenson, W., "Social Security and Economic Development: A Quantitative Approach", Industrial and Labor Relation Review, Vol. 21, No. 4, 1968 (7): 559 – 569.

Feldstein[①], 1974; Bellettini 和 Ceroni[②], 1999),而目前国内教科书中比较统一的认识是,狭义社会保障支出主要指社会救助、社会保险、社会优抚和社会福利支出;广义社会保障支出是指依照社会保障对公民生存权、发展权和健康权的保障理念,在狭义社会保障支出中加入社会保险之外的医疗保障、住房保障、教育保障等项目支出。从目前国内研究成果对中国社会保障支出计算范围看,社会保障社会性支出口径尚未统一,统计口径尚不规范,在已有研究成果中对社会保障支出概念的明确定义和计算过程描述较少,毛捷[③](2012)将中国社会福利总支出定义为"社会保险基金支出和民政事业费支出"之和。多数成果基本都是直接列示出结果,表述为社会保障支出金额多少、社会保障占 GDP 比重多少等,但笔者并没有查找到任何直接列示出社会保障支出的资料。本书从狭义社会保障概念范围出发,依照前述党的十七大对中国社会保障体系的描述,参照郑功成[④](2008)"全口径社会保障支出"包括财政性社会保障支出、社会保险基金支出及福利服务支出、补充保障支出的界定,并以现有的统计资料为基础能够准确计算出金额为前提,概括社会保障资源总量支出主要包括两部分:一是本书定义的财政性社会保障支出;二是社会保险基金支出,包括养老、医疗、失业、工伤、生育五项社会保险基金支出以及新型农村、城镇居民合作医疗基金、城镇、农村居民养老保险基金支出。需要注意的是两部分资金支出范围中的财政补充社会保险的支出为范围交叉重叠部分。

1.2.4 公平

公平在汉字中指公正,不偏不倚。公为公正、合理,能获得广泛的支持;平指平等、平均。一般是指所有的参与者(人或者团体)的各项属性(包括投入、获得等)平均。亚当·斯密(1776)《国民财富的性质和原因的研究》一书的整个价值倾向是以机会均等作为经济公平的核心判断标准。庇古(1920)则既关注起点和机会均等,还更加关注分配结果的平均。阿玛蒂亚·森[⑤]认为凡是某些重要方面看可称为"平等主义"的主张其共同特征是,在某个层面上对所涉及的

---

① Feldstein, M.. Social Security, Induced Retirement, and Aggregate Capital Accumulation [J]. The Journal of Political Economy, Vol. 82, 1974 (9 - 10): 905 - 926.

② Bellettini, G. & Ceroni, C. B.. Is Social Security Really Bad for Growth? [J]. Review of Economic Dynamics Vol. 2, 1999: 796 - 819.

③ 毛捷. 中国社会福利体系适度性研究——国际比较与实证分析 [J]. 财贸经济, 2012 (2): 36 - 44.

④ 郑功成. 中国社会保障改革与发展战略——理念、目标与行动方案 [M]. 北京: 人民出版社, 2008: 59.

⑤ [印度] 阿玛蒂亚·森. 论经济不平等——不平等之再考察 [M]. 北京: 社会科学文献出版社, 2006.

所有人都予以平等的关注。他主要是基于分配视角对收入、福利等的经济不平等（Economic Inequality）考察。徐梦秋（2001）① 从机会的公平、起点的公平、结果的公平和原则的公平、操作的公平、结果的公平两个不同角度区分公平，并从学理上阐述它们的内涵和特征，其内容反映为分配范畴。不论经济公平是从起点、过程和结果出发，还是从初次分配和再分配阶段出发，其共同的指向是经济公平是建立在按照某种逻辑所确立的判断标准，人们对是否公平的主观判断需要以此为依据，是客观层面上的公平。而社会保障属于再分配领域，本书将按照某种逻辑框架对社会保障中的经济福利在城乡和不同省份等行政区划之间的分配平等进行研究。

1.2.5 非均衡

均衡并不是指在经济学中的市场出清（Market Clearing）。非均衡对应的是经济不平等（Economic Inequity）或区域不平衡（Unbalance），是指社会保障经济福利在城乡、省际和区域之间的经济不平等和不平衡，包括社会保障的静态、动态和与经济社会发展的适应性等各层面的非均衡。

1.3 研究方法与思路

1.3.1 研究方法

（1）实证分析和规范分析相结合的方法，以实证研究为主。根据社会保障与经济社会中相关变量之间的因果关系，对城乡、省际和区域之间的社会保障资源不均等程度进行统计计算，精确度量评估我国社会保障领域经济不公平的程度，并利用公平函数关系对我国城乡的社会保障发展均衡点进行探讨，对财政支出、经济增长与社会保障的关系进行实证分析，使论证更加清晰，推理更加精确，为其后的政策建议提供了可靠的基础。

（2）系统学方法。借鉴系统论的系统思考方法，将中国社会保障整体视为一个系统，将城乡和省际区域社会保障视为不同视角分类的子系统，根据系统构成要素、特征及功能构建评价社会保障系统整体经济公平非均衡发展的理论模型，增强指标体系构建的科学性和完备性。

---

① 徐梦秋. 公平的类别与公平中的比例［J］. 中国社会科学，2001（1）：35-43.

(3) 比较研究。通过国内城乡、省际、区域的纵向、横向比较，全面评估中国社会保障公平分均衡发展阶段，处理好中国特色社会保障发展中继承与创新的关系；通过国际与国内的比较，全面认识中国社会保障发展路径中国际性与民族性的关系，探索和构建中国特色社会保障经济公平的非均衡发展之路。

(4) 历史分析方法。本书运用历史分析方法，从纵向的角度对我国社会保障社会化改革的经济公平变迁进程考察，结合我国行政区划范围研究评估社会保障社会化改革以来城乡、省际和区域发展的非均衡程度，增强了社会保障不公平与行政管理融合性。

(5) 专家咨询。在本书撰写的过程中，召开多次导师组研讨会和导师组外专家咨询会，如开始研究阶段、中期考核前、初稿完成及外审前的导师组研讨会和导师组外专家咨询会。

1.3.2 研究思路

本书研究思路如图1-1所示，把公平理论和非均衡理论融合到社会保障学科领域，以城乡、区域的行政区划为框架，在回顾我国社会保障制度发展进程演变的基础上，深入研究中国社会保障经济公平的非均衡问题。同时，借鉴日本、美国和德国3个发达国家社会保障非均衡发展实践的规律，结合我国的具体国情，阐述我国社会保障经济公平均衡发展方法与途径，研究过程做到4个相结合。

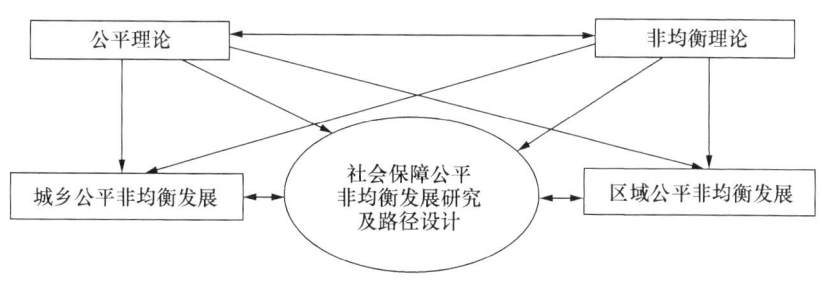

图1-1 研究思路

(1) 实证研究与规范研究相结合。在本书研究过程中，紧密围绕社会保障经济公平非均衡发展的路径问题，进行科学全面的实证分析与规范分析，实证分析采取评估理论模型和定量分析，增强研究的严密性，规范分析保证本书研究的前瞻性，实证分析与规范分析的有机结合，提高研究结论的科学性、可靠性和可行性，保证社会保障经济公平非均衡发展的合理性和可行性。

我国社会保障公平的非均衡发展研究

(2) 国际实践与中国特色相结合。在全球化背景下探索中国社会保障公平非均衡发展之路，必须充分考虑当代中国所处的时空结构和时代特征。中国社会保障的公平发展之路，既要从国际社会保障发展的实践中寻找共性，又要结合国情谈中国特色，将国际实践与发展趋势和中国特色社会保障演进脉络结合，寻找既体现中华民族传统又符合世界社会保障发展趋势的中国特色社会保障公平非均衡发展路径，最终尽可能形成多元视角的"重叠共识"。

(3) 社会保障与相关学科相结合。本书集合了经济学、社会学、管理学、政治学、行为学等学科理论，把公平理论和非均衡理论有机结合，多学科角度分析阐释社会保障公平的非均衡发展路径，支撑中国特色社会保障公平非均衡发展路径。

(4) 主观与客观相结合。客观上，社会保障公平性是社会保障制度按照某种原则设计后，其在运行过程中形成的某种结果，需要按照公平的原则对其运行的公平状态进行评估。主观上，是居民对社会保障是否公平的状态进行评价。本书将主观与客观相结合展开研究。

从总体结构上，本书以公平理念为指导，以提出问题→分析问题→解决问题为主线展开研究。全书共8章，除第1章引言以外，第2章是本书分析的基础和前提，第3章对中国社会保障发展历程进行回顾，第4、第5两章是对中国城乡、省际和区域的现实分析评估，第6章通过对东、中、西部居民调查主观评价社会保障公平状况，第7章是国际经验借鉴，第8章是对中国社会保障公平均衡发展提出政策建议。

第1章，引言。主要介绍问题的缘起、相关概念的界定、本书的研究思路、研究所运用的方法及研究创新和不足等。

第2章，理论基础与评述。主要梳理国内外公共品理论、公平理论、社会保障发展模式理论和非均衡发展理论的研究成果。其中，公平理论包括福利经济学公平思想、平均主义理论、罗尔斯机会均等理论、诺齐克过程公平理论、德沃金权利公平理论等。

第3章，社会保障制度的非均衡发展进程。本章按照城镇、农村、城乡一体化三个层面回顾了我国社会保障制度非均衡发展的实践进程，全面的发展进程回顾为后文分析提供全面的背景基础。

第4章，城乡社会保障经济公平非均衡发展评估。本章首先对城乡社会保障经济公平评估的指标进行了选择与说明，研究发现除医疗保险制度覆盖面、实际覆盖面和社会适应性三项指标外，其他各维度指标均呈现出对农村不公平的失衡发展状态。同时现实的城乡社会保障财政性投入和资源总量的配置偏离均衡点较大，农村存在改进的"有效空间"，需要注重城乡社会保障的起点公平，不断改善制度的流动性和统一性,重视社会保障与经济增长的匹配性,加大财政对农村投入等方面实现城乡社会保障的公平均衡发展。

第5章,省际社会保障经济公平非均衡发展评估。本章首先对省际社会保障经济公平评估的指标进行了选择与说明,测度评估2001～2010年中国各省份和东、中、西部社会保障经济公平的非均衡发展状态,并对各个省份的社会保障经济公平发展状态聚类分析。研究发现,2001～2010年省际社会保障经济公平发展不均衡但程度在逐渐缩小;社会保障与经济发展水平不匹配,财政支持社会保障发展缺乏制度约束,社会保障财政依存度存在风险因素,社会保障流动性不足是非均衡的重要因素;东部与中、西部之间非均衡程度显著,中、西部之间逐渐缩小,需要从经济均衡发展、社会保障匹配经济水平、提高制度流动性、规范财政投入制度约束和防范财政依存度风险等方面采取措施,以改变非均衡发展状态。

第6章,社会保障公平的认知调查与评估。本章中笔者对2009年、2013年两次调查进行分析与比较,评估居民对社会保障制度的存在认知、过程公平认知、结果公平认知和不公平状态的归因与公平预期,通过比较分析研究居民对社会保障公平的动态变化。

第7章,社会保障经济公平非均衡发展的国际经验。本章选择美国、德国和日本3个发达国家作为研究对象,首先对3个国家的社会保障现实情况进行可行性分析,以此选择比较指标。然后根据选择指标对3个国家的指标进行了对比,对他们的社会保障公平均衡发展实践进行经验总结,得出结论性启示:经济公平的均衡发展是社会保障制度的终极目标所在;起点公平是必然结果,但需要一定的时间进程;过程公平由制度设计的完善决定;结果公平的均衡程度需要政府强力裁决与调控;动态公平需要适应经济发展和社会保障结构优化;国土面积和人口密度的大小也是均衡发展的重要因素之一;国际实践经验的中国借鉴需要适应中国"土壤"。

第8章,中国社会保障经济公平均衡发展的建议。实现中国城乡、省际社会保障经济公平均衡发展需要坚持社会保障经济公平非均衡发展存在的必然性原则,选择适合中国国情的社会保障发展模式,缩小初次分配不公平的程度,优化制度顶层设计,完善制度的科学性与合意性,建立健全社会保障财政支持制度,统筹城乡发展还农民国民待遇、市民待遇,还东、中、西部公民公平待遇,制定相关配套措施。

1.4 研究的创新点与不足

1.4.1 研究创新点

本书以公平理论和非均衡发展理论为基础,将在以下几方面进行理论、方法与实践的尝试和创新:

(1) 理论创新:公平衡量指标的引入、创建和整合。一是指标引入,将弹性、贡献率、不平衡指数等相关学科指标引入测度社会保障的公平;二是指标创建,创建城乡、省际、区域社会保障适度公平的若干指标;三是指标整合,将社会保障公平衡量的国际通用指标、引入指标、新创建指标整合,形成社会保障公平判别衡量指标体系,作为建造数理模型的基础和社会保障公平非均衡发展的理论基础。形成的评估指标体系可分为五个维度体系结构,分别是静态公平、动态公平、适应性、非均衡度量、城乡均衡标准,其中,静态公平又包括起点公平、过程公平和结果公平三个子维度。

(2) 方法创新:量化公平。本书将试图对公平概念在量化上寻求突破,把政府视角、专家视角与民众视角有机结合,注重融合相关学科理论,对城乡、省际、区域之间经济公平进行指标量化、数据分析,对社会公平量化、动态比较。

(3) 在国际经验借鉴方面,以实施投保资助型社会保障模式国家为样本框,以不同国土面积、人口密度、经济发展水平等基本条件为标准,兼顾东西方发达国家,选择美国、德国和日本为借鉴对象,从整体状况、起点公平考察3个国家社会保障非均衡到均衡发展的演变历程,总结3个国家起点、过程、结果、动态公平的非均衡发展规律,得出对中国的社会保障公平发展的启示。

1.4.2 研究不足

本书在研究过程中还存在如下不足之处:

(1) 中国社会保障经济公平非均衡发展研究涉及经济学、社会学、管理学、政治学、哲学等多学科领域,笔者对将公平相关的理论和非均衡理论全面准确结合上恐有不足,对相关理论的全面梳理及把握上可能并未完全兼顾,因此文章的理论深度仍需进一步加强。

(2) 本书对于社会保障经济公平均衡参考点的研究只论证了城乡之间,对省际社会保障均衡点的问题未能从理论上找到研究切入点。同时对国际实践经验的数据还需要做更全面的进一步收集。

2 理论基础与评述

随着公平正义逐步成为社会发展的必然要求，近年来，学术理论界对于公平的成果百家争鸣，研究不断深入，公平已经成为政府、学者和公众衡量公共政策的基本标准。而社会保障是一种保障社会成员特别是生活有特殊困难公民的基本生活权利的社会安全制度，具有调节收入分配、维护社会公平进而促进社会稳定发展的功能，公平性是其必须具备的理念和得以持续发展的基础。本章从社会保障的（准）"公共品"属性出发，归纳梳理中外研究文献中对公共品理论、公平理论、社会保障发展模式理论和非均衡发展理论的研究文献。对前人相关研究文献的回顾将作为深入、系统地研究社会保障经济公平非均衡发展的基础，以期客观评述、找出不足，完善研究。

2.1 公平理论

公平正义比太阳还要有光辉[①]，是社会制度的首要价值。千百年来，人们对这一问题不断探索，把实现社会正义作为孜孜以求的理想和价值目标。从柏拉图的"理想国"到卢梭的"社会契约论"，从亚当·斯密的"经济正义"到格林的"政治正义"，从约翰·密尔（John Stuart Mill）的"功利主义"到约翰·罗尔斯"作为公平的正义"，正义一直是思想家们讨论的重要话题。作为社会制度的首要价值，正义是关于社会关系合理性的最高规范。在经济学及其他学科的发展中，形成了一系列与公平有关的重要理论，包括福利经济学的公平思想、平均主义理论、机会均等与分配正义理论、过程公平理论、权利平等理论等，这些理论都涉及了公平、公正和正义的内容，暗含了公共品和服务公平分配的要义，都对

---

① 温家宝同志在十一届全国人大三次会议中外记者见面会上回答记者提问时的表述。

社会保障经济公平的均衡发展影响深远。

2.1.1 福利经济学的公平思想

福利经济学之父庇古①（Arthur Cecil Pigou，1920）从边沁②（Jeremy Bentham，1789）的功利主义理论和戈森③（Hermann Heinrich Gossen，1854）定律（边际效用理论）出发，强调福利的本质是一种意识关系状态，一个人的福利是他自己所感到满足的心理反应，源于物的占有或者其他（知识、欲望等），社会福利是各个人的福利的总和。庇古把福利区分为社会福利和经济福利，只有能够用货币衡量的部分才是经济福利。庇古之前和之后的研究均是以经济福利为基础概念。戈森在利用边际效用理论研究社会分配问题时得到结论：收入分配稍许向穷人倾斜可以提高社会总福利，后来的边际效用论者均隐约包含收入均等化可以增加效用总量的思想，且几乎都是贫富两极化的反对者。庇古按照前人研究提出两个基本的福利命题：国民收入总量越大，社会经济福利越大；国民收入分配越是均等化，社会经济福利也就越大。显然，庇古的经济公平观不仅注重起点和机会均等，还更加关注分配结果是否平均。从他的观点可以看出，旧福利经济学的基本价值观是：强调对弱势群体的关怀，强调分配均等和国家干预。

自庇古开始，众多学者开始了对经济福利最优分配的不断探讨。庇古的福利经济学建立在基数效用论的基础上，并假设人际间的效用可以比较，因此他认为最大化总和效用的社会制度安排是最优的。罗宾斯④（L. C. Robbins，1932）开始了对庇古福利经济学的批判。卡尔多⑤（Nicholas Kaldor，1939）将帕累托最优准则引入福利经济学，即将进行任何政策改变都会带来福利损失，不能在不使任何人处境变坏的境况下使某个人处境变好的状态称为达到帕累托最优状态，但帕累托最优准则存在没有关注公平问题的局限。建立在补偿原则论（H. 霍特林，1938）基础上的福利补偿原则对此加以完善，哈罗德试图用历史事实来解释个人间效用的比较和福利标准的检验问题，卡尔多把补偿原则论与福利经济学联系在一起，其后希克斯加以发挥提出了长期补偿理论，再到西托夫斯基的双重检验标准的补偿以及李特尔（1949）收入分配的三重检验标准。补偿原则的思想是社会政策变动都会使有人受损而有人受益，如果受益社会成员补偿了受损的其他社会成员后还有剩余，则该社会政策变动意味着社会福利的增加。补偿原则关注的是

---

① 庇古. 福利经济学 [M]. 朱泱，张胜纪，吴良健译. 北京：商务印书馆，2006.
② 杰里米·边沁. 论道德与立法的原则 [M]. 程立显，宇文利译. 西安：陕西人民出版社，2009.
③ ［德］戈森. 人类交换规律与人类行为准则的发展 [M]. 陈秀山译. 北京：商务印书馆，1997.
④ 莱昂内尔·罗宾斯. 经济科学的性质和意义 [M]. 朱泱译. 北京：商务印书馆，2000.
⑤ 卡尔多. 经济学的福利命题和个人间的效用比较 [J]. 政治经济学杂志，1939（9）.

"整个社会的福利"或"福利综合指标",兼顾了效率与公平,为在经济发展的前提下不断提高财政支出用于公共服务的比例、地区间公共服务的合理分配提供了理论依据,加大转移支付可以更大程度上满足各地居民的公共需要,增进社会福利,虽然会改变原来的利益结构,使部分社会成员的效用损失,但与增加的社会福利相比,损失较小(于树一,2007)①。

伯格森、萨缪尔森、阿罗等人认为补偿原则并不完全科学,进而提出了社会福利函数理论,认为社会福利和其各种影响因素之间存在一定的函数关系。他们认为要达到最优状态,除了交换和生产最优条件,还必须具备福利在个人之间进行合理分配的条件,经济效率只是最大福利的必要条件,合理分配才是最大福利的充分条件。尽管阿罗不可能定理证明了包括社会经济所有方面的社会福利函数并不存在,但是社会福利函数理论也兼顾了效率与公平,其基本思想仍然为社会保障经济公平的均衡发展提供了重要理论依据,即对于选择偏好多样化的个人,不同个人对社会保障的需求不同,因而,不可能从个人偏好次序达到社会偏好次序,也就是社会保障发展的城乡、省际个体差异是客观存在的,均衡发展应是充分考虑城乡、省际的群体需求,经济社会环境条件等相关变量后的相对均衡,而那些可以避免和按照某种社会准则不应有的不公平则必须消除。

庇古的福利经济学强调国民收入分配越是均等社会福利越大的要旨,建立在20世纪30年代以后批判庇古福利经济学的新福利经济学强调福利是一切社会成员的福利,需要兼顾公平与效率的价值观,对社会保障经济公平均衡发展具有重要理论价值,虽然其最初的应用是在收入分配层面。由于社会保障的主体是一种对公民的收入保障行为,社会保障是国民收入中的重要组成部分,对社会保障进行有效且公平的配置能够增进社会福利和促进社会发展。尤其是,目前我国的城市居民享有的社会保障产品远远大于农村居民,东部经济发达地区获得的社会保障待遇远远高于中、西部地区,社会保障资源过度集中于城市和东部,而如果社会保障资源的农村和欠发达地区偏好,且在城市和发达地区居民福利不变的条件下,农村和欠发达地区居民福利增加,无疑将会产生全体国民社会福利的增加,促进社会福利分配的改善。

2.1.2 平均主义理论

在中国历史上,平均主义思想源远流长、影响深广,在中国传统思想中占据重要位置并成为中国古代和近代农民起义和农民战争的口号、旗帜和合理性根据,不患寡而患不均的理念以及儒家的大同理想也是其真实写照。平均主义基于

---

① 于树一. 公共服务均等化的理论基础探析 [J]. 财政研究, 2007 (7): 27-29.

结果导向,它要求每个人或群体类别大致平均分享分配谱系中的物品,极端的平均主义更是主张每人应得到绝对相等的份额。平均主义偏好的解决方式是对进行分配的物品进行最平等的分配(J. A. Olsen①,1997)。他们认为经济利益、社会地位或者其他方面的差距本身就可以构成反对这种差距的理由。斯坎伦②(2006)阐述了平等概念的平均主义特征,他认为平等观念本质上是一种平均主义的观点,它具有两个必须的彼此紧密联系的特征:比较性和利益水准的不确定性。平均主义者在乎的是自己和他人利益差距的本身(即所谓比较性),而不是自身利益的绝对水准(即所谓利益水准的不确定性)。认为经济利益、社会地位或者其他方面的差距本身就可以构成反对这种差距的理由,并举出了五种理由:人道主义、反对社会歧视、受他人控制达到无法接受程度、维持社会制度公平性、平等利益要求,以反对这种差距,支持平均主义。这种极端平均主义的原因是极端的嫉妒(Eister③,1992)。自由平均主义则提出更为激进的选择责任理论。如 Alexandera(2006)④在健康保健领域提出了自由平均主义分析方法由两个原则构成:第一,负责原则,个体必须对他的选择负责的理论;第二,平均原则,如果个体选择了同样的决策就应该有同样的结局。

平均主义的合理性主要表现为:平均是人类面对不确定的一种本能反应,这种反应有利于人类对自身保护的加强、有利于保护社会竞争的弱者、有利于受害者、有利于穷人、有利于社会结构的均等化。平均主义的危害性主要表现在⑤:严重挫伤劳动者的生产积极性和力求上进的精神;涣散劳动者队伍,腐蚀劳动者的思想,不利于劳动者的团结;助长人们的懒惰思想,影响劳动生产率和经济效益的提高,不利于生产要素的合理配置,不利于提高社会生产力。因此,只有彻底清除平均主义倾向,才能真正贯彻和实现按劳分配的原则。改革开放以前,中国社会政策的制定几乎完全是以社会整体为基本出发点而忽视了个体人的基本价值,制定的基本理念和基本取向只能是平均主义和身份等级制(吴忠民,2004)⑥。

平均主义的中庸思想与经济领域曾实行的效率优先、兼顾公平原则兼容性

---

① J. A. Olsen. Theories of Justice and Their Implications for Priority Setting in Health Care, Journal of Health Economics, 1997, 16: 625 – 639.
② [美]托马斯·斯坎伦. 平等何时变得重要? [J]. 学术月刊, 2006 (1): 136 – 144.
③ Eister. J.. Local Justice: How Institutions Allocate Scarce Goods and Necessary Burdens [M]. Russel Sage, NewYork, 1992.
④ Alexandera W., Cappelen Ole. Frithj of Norheim: Responsibility, Fairness and Rationing in Health Care [J]. Health Policy, 2006 (76): 312 – 319.
⑤ 人民网:党史百科. http://dangshi.people.com.cn/GB/165617/173273/10415171.html.
⑥ 吴忠民. 从平均到公正:中国社会政策的演进 [J]. 社会学研究, 2004 (1): 75 – 89.

差，当分配物品是社会保障的待遇水平时，则绝对公平主义是荒谬的，即会陷入这样一种状态：两个人都处于低水平保障比一个人高一个人低要更好，两个人健康状况都差时比一个人好一个人坏的状况更优，两个人都贫困比一个人贫困一个人富裕是更佳的选择。这种分配"样式"的态度是非理性的。但平均主义应用于诸如社会保障的权利分配（机会、起点等）领域则不会引致太多的异议，人们享有社会保障的权利是不可剥夺的，作为社会共同需要的社会保障品的获得不应该与收入、种族、社会地位、个人所处的地点等条件相关联，作为维护人类生存权、健康权和发展权的工具，这种权利应该在应保人群中均匀地分布，而且对于效率的提高也是大有裨益的。

2.1.3 罗尔斯的机会均等与分配正义理论

罗尔斯[①]（John Bordley Rawls，1971）关心的主要问题是如果一个社会要成为公正的社会，取决于社会处境最差的人的位置如何。他以一种没有任何规章或原则的社会"原始状态"条件为出发点，提出规范和约束国家制度设计和社会组织安排的两条社会正义原则：第一个正义原则是平等自由原则，"每个人都有权利拥有最广泛的自由，且大家拥有自由的程度相等，一个人拥有的自由和他人拥有的同样的自由能够相容"。第二个正义原则是差别原则，"要允许社会和经济的不平等存在须以如下方式解决，即必须使社会中处境最差者从这种不平等中获得最大利益，同时确保每个人在公职和职位面前机会公正平等"。基于两条原则体现的特征，也被人称为最大最小准则。两个原则之间遵循两个优先：原则一绝对优先于原则二，原则二中机会的公正平等固定不变的优先于使处境最差者获得最大利益，表明对于生活极其困难的弱势群体而言，任何一项偏好性经济利益分配，决不能是以机会的丧失为成本，更不能以减少他们的自由为代价。这也意味着基本自由和经济利益之间不存在交换，对应着社会保障权利和货币待遇之间不存在交易，社会保障权的分配优先于待遇的差异。正如罗尔斯所言，所有的基本善都应该被平均分配，除非对这些基本善的一些或全部不平等分配合乎境遇最差者利益，这些基本善包括政治自由、保障个人财产自由等基本权利和自由。

罗尔斯对分配正义的探讨在理论形式上相当完整，德沃金认为罗尔斯达到了平等主义的极点，他以致断言能够对最公平的分配正义作出的理性辩护几乎被罗尔斯穷尽。J. A. Olsen[②]（1997）认为罗尔斯的最大最小原则比平均主义更可取。

---

① 约翰·罗尔斯. 正义论［M］. 何怀宏等译. 北京：中国社会科学出版社，2009.
② J. A. Olsen Theories of Justice and Their Implications for Priority Setting in Health Care［J］. Journal of Health Economics，1997，16：625－639.

但是对罗尔斯理论的批评也一直存在，黑尔①（R. M. Hare，1975）认为罗尔斯是一个确定无疑的多元论直觉主义者，虽然也有契约论的方法，但时刻受到正义观念的修正。高希尔②（David Gauthier，1986）假设人们具有同等的理性，从受约束的最大化者的服从问题、最小最大相对让步的讨价还价规则、《洛克但书》③的初始谈判位置三个问题出发，将社会契约论建立在博弈论逻辑上对罗尔斯理论进行修正。巴利④（Brian Barry，1989）认为"无知之幕"条件下不偏不倚的正义虽然似乎更为可取，但是其弱点在于难以提供人们将根据这种道德行事的理由。J. A. Olsen（1997）在研究健康公平中批判罗尔斯使用了一个模糊的分配物的概念，这一分配物不只是收入、福利或效用，而是一个所谓诸如权利与公平、福利与效用、权力与机会的重要商品的组合，而健康没有作为一个首要商品包含在内。

罗尔斯理论虽然遭到一些批判，但其公平争议思想的价值却是共识，后来学者的批判也多是在认可其价值思想的基础上试图完善其理论而进行的，其正义的分配思想对社会保障公平的理念影响深远。社会保障是一种社会制度，是一种经济再分配形式，保障公民的生存权、健康权和发展权。这种权利符合基本善的定义，尽管罗尔斯并没有把健康因素纳入他的理论体系之中，而把健康划归为自然物品。然而健康并不是纯粹由自然因素决定，它还受到社会经济结构的影响。社会管理从属于一定的行政区划空间，社会中处于最不利地位的人分布于不同空间之内。如果整体定义城乡、区域社会保障品且认为属于基本善范畴，则依照罗尔斯的理论，社会中处于最不利地位的人拥有的基本善都比较少是不公平的。如中国现实，农村居民拥有的社会保障基本善远远少于城市居民，欠发达区域居民拥有的社会保障基本善远远少于发达区域居民，则农村居民、欠发达省份居民就处于更不利的位置，而国家的干预政策如果增加了农村和欠发达省份居民的基本善，则都应归是正义的，是合乎最少受惠者的最大利益转换的，符合最大最小原则且当属正当政策。

---

① R. M. Hare. "Rawls' Theory of Justice", in Norman Daniels ed. Reading Rawls [M]. Oxford: Basil Blackwell Ltd., 1975.

② David Gauthier. Morals by Agreement [M]. Oxford, Clarendon Press, 1986.

③ 《洛克但书》源于洛克对财产权起源的论述（见洛克：《政府论》下篇，叶启芳、瞿菊农译，商务印书馆1964年版，第22页）。高西尔认为，《洛克但书》应当解释为：禁止使别人的状况变坏，除非你无法避免使自己的状况变坏。

④ Brian Barry. Theories of Justice, Berkeley, Calif [M]. Univesity of California Press, 1989.

2.1.4 诺齐克的过程公平理论

罗伯特·诺齐克（Robert Nozick, 1974）① 从权利价值的优先性出发讨论分配问题。他认为促进公平确保个人权利是最重要的，形成的基本观点有四点：一是过程公平即结果公平。他认为权利不可侵犯，不平等和不公正、平等和公正之间不相等，只要机会公平、程序公正，不平等就不需要纠正。二是诺齐克认为个人权利是道德的边际约束，可以禁止人追求目标时违反这些道德约束，他认为个人拥有不涉及他人情况自愿处置自己的权利、在冲突下有惩罚侵害和要求惩罚的权利。诺齐克的非模式化权利原则是一个历史原则，即它衡量正义不是看当下结果、目的和发展趋势，而是看其来路、历史和演变过程。三是他提出了持有正义三原则：获得的正义，即初始财产来源清白便是合乎公正；转让的正义，财产持有过程的每一次转让交易自由公正；矫正的正义，即在持有正义可追溯的链条中，只要其中一环不正义则结果不正义，应根据"正义历史原则"矫正。四是诺齐克支持存在"国家—社团—个人"三种层次的乌托邦结构，在这种结构中国家考虑公正，社团按"好"的原则满足个人，个人是权利拥有者。诺齐克的社会保障思想是基于国家不承担社会保障的主要责任，个人和社会应该是主要责任负担者。

诺齐克提出了有关一般权利和财产权性质的深层问题，其理论出发点仍然是自由主义的基本原则，要求限制国家的作用，政府的功能仅仅是提供治安国防等公共服务，任何逾越最弱意义上国家的社会计划都是不公正的。他对个人权利的绝对化、抽象化难免与社会发展的客观事实相悖，因而"对权利理论的批评主要集中在自由约束的假定上，对于那些不把约束看成是自然权利的暗示或需要的人来说，要理解为什么不能为了增进效率而牺牲部分自由是很难的"（Follan, 2004）②。本质上个人权利是个人与社会或国家之间双向的权利义务配置的产物，表征社会关系，任何个人权利都不能脱离国家、社会空间而独立存在。一项权利可以根据文化背景下的共同价值观通过宪法等赋予，由此形成个人的权利，而在这之前权利是不存在的，社会保障权即是如此。

当同处于同一权利形成空间中时，一部分人拥有权利而另一部分不拥有权利就会产生获得持有的不公平，就需要通过制度矫正。社会保障城乡居民获取各类社会保障项目的时点差距较大，虽然社会保障在中国的建立是国有企业产权制度改革的附产品，其形成有其特定历史原因和当时的社会条件，但当某项保障被确

---

① 罗伯特·诺齐克. 无政府、国家与乌托邦 [M]. 姚大志译. 北京：中国社会科学出版社, 2008.
② Follan, S., Goodman, A. C., Stano, M. The Economics of Health and Heal th Care, Fourth Edition, Pearson Prentice Hall, 2004.

认为权利后则公平正义应该登上分配舞台。同样，省际社会保障虽然表面上看获取持有时点一致，但社会保障来源于社会财富的累积，如果追溯社会财富形成发现国家经济战略偏好因素是重要原因，因而也需要"正义历史原则"的矫正。虽然诺齐克反对国家对个人权利的侵犯，但矫正的正义却从某种程度上论证了国家的干预是必要的。

2.1.5 德沃金的权利平等理论

罗纳德·德沃金①（Ronald Myles Dworkin，1977）以"资源平等"论证权利平等，试图超越罗尔斯和诺齐克。他认为"资源平等"既考虑了平等，也兼顾了个人的选择和责任，在此基础上形成了三方面的理论观点：一是政府应该平等对待每一个公民。他认为公民的个人权利包括两部分：平等对待的权利，即平等地分配商品或机会；作为平等者对待的权利，即在分配商品或机会的政治决定中有权得到平等关怀和尊重。他认为平等作为一种政治价值比自由更重要，政府平等对待每一个公民并不表示在分配财富、物质和机会的时候给每个人完全一样的东西。二是公平的制度安排是"市场机制＋代议民主制＋个人权利"，市场具备效率性，使每一个参与竞争的个体具有同等的自由按照其意愿交易，政府可以采取福利政策让先天处于不利地位的人享受"被视为平等的关怀和尊重"，而代议民主制则依据公民的投票机制体现平等关怀和尊重的权利。为防止多数人的暴政，再加上个人权利这张底牌，确保少数人也能拥有被平等对待的权利。三是以"资源平等"理论的"虚拟保险"假设来解释再分配的实现。德沃金认为资源平等应坚持平等原则和个人原则相结合，他把造成不平等的客观因素统称为技能的差别，每个人都存在缺乏某种技能导致不平等的风险，但现实中却不存在为技能差别设立的保险市场，因而处理方法只能是一种"虚拟保险"。他认为技能体现为收入，人们会理性计算虚拟保险中的保险成本，这就为分级累计所得税的税收制度介入提供了依据，国家则以获得的资金作为险费提供给残障者。他的权利理论一直主张国家应该发展社会保障事业，在个人不能控制或者不能得到负责照顾的方面获得补偿，但个人应该承担一定福利责任，公共行为应该致力于使有利条件在不同境况的人之间实现均等化。这些思想为社会保障的城乡省际公平均衡发展提供了依据。

德沃金权利优先论遭到迈克尔·J.桑德尔②（1982）的质疑：我们不能永远

---
① 罗纳德·德沃金．认真对待权利［M］．信春鹰，吴玉章译．上海：上海三联书店出版社，2008.
② ［美］迈克尔·J.桑德尔．自由主义与正义的局限［M］．万俊人等译．南京：译林出版社，2001.

保证正义总占有先定的支配地位,且迄今为止它并非如此,共同体①将是可能的,而对于正义来说,这一切都是一种不可确定的表象。阿拉斯戴尔·麦金泰尔②(MacIntyre A.,1981)则认为德沃金的权利是虚构的。约翰·凯克斯③认为德沃金平等的权利没有区别人的类别(如正义的和非正义的人、好人和恶人、仁慈的和残忍的人等),而不管怎样缺乏资源,踩躏他人者对其持续性活动所需的资源同样拥有平等权利的观点是荒谬的。尽管对德沃金批判的声音不绝于耳,但就像罗尔斯一样,德沃金的权利平等理论却总占据主流,这些批判声音丰富了权利理论,同样为社会保障的公平均衡发展提供思想:个人的共同体构成区域,人和人、区域之间在同一个国度中总是互相联系的,当社会保障权利通过宪法等准则赋予公民则获得实实在在的权利,加上社会保障对合法公民的基本生活保障性,决定了社会保障权利是不应该区分城乡、省际的公平和均衡发展,结果的差异是被许可的。

2.2 社会保障发展模式理论

社会保障的发展模式体现政府的意志,划分了国家、组织和个人的责任分担机制,决定了社会保障公平程度的走向。因此,社会保障的公平程度分析需要对社会保障发展模式的选择进行分析。

2.2.1 国外社会保障发展模式的公平思想

社会保障(福利)模式起源于国外学者的研究,代表性分类方法有以下四种:

(1) 社会福利模式二分法。

哈罗德·魏伦斯基和莱宾斯④(Harold L. Wilensky and Charles Nathan Lebeaux,1958)根据国家在社会福利国家中承担的功能,区别了两种类型的社会福

---

① 桑德尔认为个人不是独立个体,而是某一家庭、共同体、国家或民族的一员,是某一历史的承担者,是某一共和国的公民等。
② [美] 阿拉斯戴尔·麦金泰尔. 追寻美德:伦理理论研究 [M]. 宋继杰译. 南京:译林出版社,2003.
③ [美] 约翰·凯克斯. 反对自由主义 [M]. 应奇译. 南京:江苏人民出版社,2005.
④ Harold L. Wilensky and Charles Nathan Lebeaux. Industrial Society and Social Welfare: the Impact of Industrialization on the Supply and Organization of Social Welfare Services in the United States. Russell Sage Foundation,1958.

利体系模式。一是"补缺型福利模式"(The Residual)。该模式强调家庭和市场是能够恰当地满足个人福利需要的两个"自然的"(Natural)渠道,它们是为个人提供福利的更理想的机构;只有在其他"正常的"(Normal)供给渠道如家庭和市场的作用失灵不能维持时,国家的社会福利机构才应该承担相应的责任,为遇到困难的人们提供帮助。二是"制度型福利模式"(The Institutional)。该模式重视国家和政府的作用,认为提供福利服务是工业社会中正常的和第一线的功能,是现代工业社会"适当的"和"合法的"的功能,主张依靠国家和政府通过一整套完善的法规制度体系,提供个人所需的社会福利。国家为公民提供福利的目的在于帮助个人自我实现,公民接受国家提供的福利并不与"污名"、"紧急事件"和"反常"相联系。这一分析框架已被广泛地运用于社会政策(福利)国际比较学理研究之中。补缺型福利模式反映的是对处境最差者社会福利需要的满足,同罗尔斯的公平正义理论坚持点,强调补弱的正义思想。制度型福利模式面向所有公民,强调普遍的公平思想。

(2) 社会福利模式三分法。

将社会福利模式三分法的有两类不同学说:

一是理查德·蒂特马斯①(Richard M. Titmuss, 1974)提出并划分的三种模型的社会福利体系:①剩余福利模型(The Residual Welfare Model)。该模式认为,市场和家庭是福利供给的两个"自然的"渠道,个人的需要可以通过它们而获得适当的满足;只有当它们崩溃的时候,政府举办的社会福利设施才介入运作,并且只应是暂时的;政府的规模越小越好,而人民免受国家干涉的自由则越大越好。该模式延续了补缺型福利模式的保障思想。②工业成就模式(The Industrial Achievement-performance Model)。该模式认为,国家举办的社会福利设施只能充当经济的附属品,福利的获得应该按照每一个人的工作表现和生产力来"论功行赏",这种福利模式也被称为"婢女模式"(Handmaiden Model)。该模式仅仅是把社会保障当作经济发展的附属品,并不是一项独立的社会政策,更谈不上福利的公平性。③制度性再分配模式(Institutional Redistributive Model)。该模式认为社会福利是现代社会里主要的统合制度,它在市场之外,按照需要的原则,提供普及性的服务。该模式即是二分法中的制度型福利模式,强调普遍的公平思想,每一个人都有权利获取社会保障权。

二是埃斯平—安德森②(Esping-Andersen, 1990)提出去商品化(De-commodification)的核心概念和工具,其含义可表述为"个人福利相对地独立于其收入之外,又不受其购买力影响的保障程度"。安德森认为"基本的、最低限

---

① [英]理查德·蒂特马斯. 社会政策十讲[M]. 吉林: 吉林出版集团有限责任公司, 2011.
② 埃斯平—安德森. 福利资本主义的三个世界[M]. 郑秉文译. 北京: 法律出版社, 2003.

度的福利"可以视为公民的社会权利，获得社会权利的基础是公民的资格而不是其能力，具有某种去商品化的性质。根据去商品化程度不同，安德森以福利提供的去商品化程度为主要标准，把当代主要西方国家的社会福利体系分为三种福利体制：一是自由主义模式，以美国、加拿大、澳大利亚为代表。该福利体制几乎没有福利提供的去商品化，国家有效地控制社会权的范围，并建立一个阶层化的社会秩序；国家要么只是消极地保证公民的最低生活水准，要么积极地通过补贴私人福利的方案来鼓励市场机制。二是保守主义模式，以奥地利、法国、德国以及意大利为代表。其特征是福利提供的去商品化程度属于中等水平，社会福利是公民权的一部分的观念被广泛接受，教会和志愿组织在社会福利供给中发挥着重要的作用，国家和政府不太注重再分配的效果。三是社会民主主义模式，以瑞典、丹麦等北欧国家为代表。该模式坚持普遍主义原则与去商品化的社会权利，强调工作权利义务与社会保障权利之间的结合，坚持政府在社会福利供给中的全面责任。去商品化为分析社会福利模式提供了一个全新的概念，去商品化的程度既反映了国家在社会保障制度的责任程度，也对应了社会保障公平性在贫困群体、社团和国家范围内的不同选择，去商品化程度越高，社会保障的全面公平程度越高。

(3) 社会福利模式四分法。

乔治和韦尔定[①](Victor George and Paul Wilding, 1976) 根据影响社会福利发展的意识形态的差异，把社会福利体系分为四种模式。一是反集体主义模式(The Anti-Collectivists)。该模式强调自由、个人主义和不平等的社会价值，主张社会福利服务的供给必须依靠个人选择的自由，政府的功能在于确保个人的自由。二是被动的集体主义模式(The Reluctant-Collectivist)。该模式的福利价值理念与反集体主义模式十分相似，也强调个人自由和不平等。但这种模式坚信如果要达到个人自由，市场分配必须通过规范和控制才能确保资本主义的效率和功能，政府仅限于提供有限的福利服务。三是费边社会主义模式(The Fabian Socialist)。该模式所追求的社会价值是平等、自由、友爱和民主等，认为社会的不平等导致缺乏效率，使得社会公正丧失。为此他们主张政府要干预市场机制，通过政府提供福利资源以弥补市场的缺点，进而通过社会福利以达到所得再分配的目标。四是马克思主义模式(The Marxist)。该模式强调为了达到自由、平等和博爱，政府的角色在于提供各种福利服务，使社会福利的供给能够满足各种不同的福利需求。其最常见的方式就是由政府供应所有的福利资源，所有的生产资源也由政府统筹经营管理。从思想内涵上看，四种模式反映的公平程度是逐渐提高的。

---

① Victor George and Paul Wilding. Ideology and Social Welfare. First Published in 1976 by Routledge & Kegan Paul Ltd.

西方学者对社会保障模式类型的划分,让我们了解了资本主义国家社会保障模式类型折射的公平思想,对中国社会保障模式选择具有积极的启发意义。但西方学者对上述类型划分具有浓厚的"欧美中心主义"色彩,也存在着"宏大叙事"的局限。

2.2.2 国内社会保障发展模式的公平思想

20世纪90年代中期以来,国内研究者一直在努力探索中国社会保障(福利)体系建设路径,结合中国国情对中国特色社会保障(福利)发展模式提出了多种构想与设计,主要的代表性观点有以下六种:

(1) 三维社会保障体系模式。

王国军[①] (2000) 站在"小福利"、"大保障"立场上认为,中国社会保障制度改革存在一大误区,即改革实践以及理论研究未能突破城乡"二元"社会保障体系的束缚。因此,重构中国社会保障制度必须打破城乡"二元"社会保障体系,推动城乡社会保障之间的衔接,建立从"二元到三维"的社会保障体系。"三维社会保障体系"由三个层次构成:一是建立覆盖全国城乡、统一的法定基本保障。基本保障由城乡社会福利、城乡社会救助和城乡优抚安置以及城乡居民最低生活保障制度组成,全体公民都有权享受,保障最基本的生活需要。基本保障费用从全民征收的社会保障税中支出,采取受益基准原则,保障基金的支付采用半积累半现收现付制。二是建立省(市)级统筹的补充保障。该层次的保障水平略高,作为基本保障的补充,保障范围包括所有企业事业单位的职工及政府公务员。补充保障也属于法定强制保障,保障费用由企业和职工各按职工工资总额的一定比例缴纳,机关事业单位由财政和职工共同负担;保障项目包括失业保险、工伤保险、生育保险以及在养老和健康基本保障之上的养老健康保险等,保障基金的支付采用半积累半现收现付制。三是建立商业性的附加保障。为那些经济收入较高、不满足于基本保障和补充保障的公民提供以商业保障为主的附加保障。附加保障的保费完全自负或由个人与愿意支付保费的雇主共同协商支付,实行受益基准制,基金支付方式采取完全积累制。该模式提出了基本保障的公平思想,基本保障面向全体社会成员(即权利公平),待遇均等,差异化由补充保障产生。

(2) 基础整合的社会保障体系。

2000年,中国社会科学院社会学研究所"中国社会保障体系研究课题组"[②]

---

① 王国军. 中国城乡社会保障制度衔接初探 [J]. 战略与管理, 2000 (2): 33-44.
② 中国社会保障体系研究课题组. 中国社会保障制度改革:反思与重构 [J]. 社会学研究, 2000 (6): 49-65.

提出中国社会保障制度改革的目标是建立"基础整合的社会保障体系",并构建了由养老保障制度、就业保障制度、最低生活保障制度和全民健康服务制度等项目在内的社会保障体系框架。课题组认为,"基础整合的社会保障体系"就是"以保障民生基本需求为目的,以社会救助为基点,以社区服务为依托,实行资金保障和服务保障相结合,资金筹集多渠道,保障内容多层次,保障方式多元化"的社会保障体系。具体包括六个方面:一是以最低生活保障线为底线,整合多元福利;二是以卫生保健为基础,整合多层次需求;三是以服务保障为基础,整合资金、设施、机构、制度等多方面的保障;四是以就业为基础,整合多种资源;五是以社区为基础,整合政府作用和与市场作用;六是以制度创新为基础,整合城乡统筹的社会保障。该模式反映了过程公平的思想,即建立公平的社会保障制度。从内涵看基础整合体现的是社会保障制度发展进程变化,但制度的不整合并不对应结果不公平,整合的制度不对应保障对象结果的公平。

(3) 适度普惠型社会福利体系模式。

2007年10月17日,民政部副部长窦玉沛[1]做客中国网与网友交流时提出,为了加快我国社会福利事业的发展,中国将推进社会福利模式由"补缺型"向"适度普惠型"转变。在2008年10月召开的"第三届全国社会福利理论与政策研讨会"上,韩裕民从广义的社会福利概念出发,初步阐述了"适度普惠型福利模式",他把社会福利概念分为宏观社会福利、中观社会福利和微观社会福利(民政社会福利)三个层次,认为适度普惠型福利模式介于"补缺型"和"普遍型"福利模式之间,适度普惠型社会福利体系的形成需要经过初级适度普惠、中级适度普惠和高级适度普惠三个阶段。

王思斌[2](2009)比较系统地阐述了"适度普惠型社会福利体系"的构想,主张发展面向全体国民,同时又涵盖社会基本生活领域的社会政策和制度。王思斌认为,普惠型社会福利是指不分城乡、城乡居民共享的社会保障或社会福利,适度普惠型社会福利是由政府和社会基于本国(或当地)的经济和社会状况,向全体国民(居民)提供的、涵盖其基本生活主要方面的社会福利;构建适度普惠型社会福利制度的基本要素有三个:社会权利观念的建构、适宜的社会政策的制定与实施、适度普惠型社会福利制度与企业、社会和家庭的责任;构建适度普惠型社会福利制度的基本要求有五个:政府责任优先、需要导向的制度建构、企业社会责任的承担、家庭福利责任的保护与激活以及社会福利机构的培育与发展。

---

[1] http://cn.chinagate.cn/webcast/2007-10/17/content_9075642.htm.
[2] 王思斌. 我国适度普惠型社会福利制度的建构[J]. 北京大学学报(哲学社会科学版), 2009(3): 58-65.

(4) 五个子系统的社会福利体系模式。

周沛[①]（2007）在《社会福利体系研究》一书中，提出和构建了由五个子系统构成的社会福利体系。他认为，"可以把社会福利体系看成是由若干具有福利性和利他性特征的制度性、专业性、服务性的，能够为公民的物质生活带来保障、精神生活带来慰藉、提升他们生活质量的若干举措或手段构成的福利整体"；系统性的社会福利体系具有五个特征：旨在保障公民基本生活和提升公民生活质量以及社会福利水平、追求社会平等和公正、社会福利对象的全民性、权利和义务的不严格对称性以及非功利性和服务性。在此基础上，他把我国社会福利体系的总体框架概括为五个方面：一是制度化、政策性的社会保障体系，包括社会保险、狭义的社会福利、社会救助和社会优抚；二是职业化、专业性的社会工作手法，包括个案社会工作、小组社会工作、社区社会工作、社会工作行政与管理等；三是多元化、专门化的社会服务网络，包括社区或机构的老年人服务、青少年服务、残疾人服务等特殊群体的社会化和专业化服务以及心理辅导等；四是政府提供的公共福利体系，包括政府的公共产品提供和维护，如教育、医疗等；五是自助式和互助式的社会支持网络，包括邻里间和社区中的帮贫解困的互助网络。

(5) 公平、普惠、可持续的社会保障模式。

郑功成[②]（2008）认为中国社会保障制度发展的战略目标是构建一个"公平、普惠、可持续的社会保障体系"。该社会保障体系的价值理念是公平、正义和共享，遵循"普遍性、统一性、互助共济、可持续发展、以人为本与弱者优先、政府主导与责任分担"等原则。该体系由五个子系统构成：一是社会救助，包括基本生活救助、灾害救助和专项救助；二是社会保险，包括养老保险、医疗保险、工伤保险和护理保险；三是社会福利，包括老年人福利、残疾人福利、妇女福利、儿童福利、教育福利和住房福利；四是军人保障，包括军人抚恤、军人安置、军人保险、军人及军属福利；五是补充保障，包括职业福利、慈善事业、商业保险和其他保障。并规划了中国社会保障三步走战略。

(6) 全民共享的发展型社会福利模式。

发展型社会福利概念出现于20世纪60年代末。1967年8月，在日内瓦召开的"关于社会福利组织与行政的联合国专家会议"上，发展中国家的代表提出了一种全新的发展型社会福利概念：社会福利应该超出1959年规定的范围，承担有效地动员一国的人力、物力资源，使之适应社会需要，为国家建设服务的作

---

① 周沛. 社会福利体系研究［M］. 北京：中国劳动社会保障出版社，2007.
② 郑功成. 中国社会保障改革与发展战略——理念、目标与行动方案［M］. 北京：人民出版社，2008.

用。社会福利与发展的相互依存关系由此得到确立，发展型社会福利的概念逐步成为社会福利发展的指导思想在全世界广泛流行，并成为世界各国制定社会福利政策的基本原则，尤其是广大第三世界国家。刘继同（1994）① 曾阐述发展型社会福利与发展型社会工作教育的关系，但未对中国发展型社会福利模式论述。2009 年 3 月，中国发展研究基金会在年度发展报告中提出了"构建全民共享的发展型社会福利体系"的构想。该报告认为，"全民共享"包括三层含义：一是为没有制度保障的社会群体建章立制，为农民、农民工建立养老保险等保障制度，为城乡无收入老年人提供养老保障和基本医疗服务。二是扩大已有制度安排的社会群体的覆盖面，这部分群体包括城乡中小企业雇员、灵活就业人员和个体工商户。一方面要消除各种障碍让他们尽快进入保障范围，另一方面也要适度降低费率，适应他们参保缴费的能力。三是逐步提高社会福利水平和社会福利的公平性，使每个国民通过国家福利项目保障能维持正常生活并享有适当的公共服务；同时，应建立社会福利水平调整机制，随着物价指数、人们收入水平与国家财政收入的提高适时调整，保证全国人民共享社会经济发展的成果。"发展型社会福利体系"坚持四条基本原则：第一，坚持公平与效率相结合，以公平为首要原则；第二，坚持社会福利水平与经济发展水平和各方面的承受能力相适应，实现社会福利的可持续发展的原则；第三，坚持就业优先的原则；第四，坚持政府与社会相结合，以政府为主导的原则；"发展型社会福利体系"的基本内容包括养老保障、健康保障、教育保障、就业保障、住房保障、基本生活保障和其他保障七个组成部分，通过建立多层次的社会福利结构，将公共财政优先用于社会弱势群体，对大多数有劳动收入群体采取缴费性社会保险模式，同时国家鼓励单位和个人建立补充性保险以满足有能力的群体的更高需求。

国内学术界的上述对社会保障发展模式的探讨，逐步提升了中国社会保障公平的发展，尤其是 2007 年以后提出的社会保障发展模式中，对公平的诠释有三点突破：一是明确了中国特色社会保障的价值理念是公平正义，全民共享，中国社会保障发展模式需要沿着"保障和改善民生"的轨道前进。二是强调了经济发展与社会保障发展应该适应协调，防止"过"和"不及"，确保发展的可持续性。三是承认了城乡社会保障差距过大、省际发展不均衡，应当统筹城乡、区域之间发展，既允许存在差异也应该适度均衡。

---

① 刘继同. 发展型社会福利与发展型社会工作教育［J］. 国外社会科学，1994（11）：13－16.
② 中国发展研究基金会. 中国发展报告 2008～2009：构建全民共享的发展型社会福利体系［M］. 中国发展出版社，2009；何平、李实、王延中在"中国发展型社会福利体系的公共财政支持研究"（《财政研究》，2009 年第 6 期）中作了体系框架阐述。

2.3 非均衡发展理论

区域经济发展的非均衡性是经济发展的普遍规律,西方经济学家在研究区域经济发展规律时提出了许多有关区域经济非均衡发展的理论,主要有:

(1) 增长极理论。

弗朗索瓦·佩鲁(Francois Perroux,1950[①],1955[②])提出了增长极理论和以"不平等动力学"为基础的区域非均衡增长的理论。该理论认为,增长并非同时出现在所有的地方,它以不同的强度首先出现于一些增长点或增长极上,然后通过不同的渠道向外扩散,对整个经济产生不同的终极影响。增长极理论一度是发展中国家和欠发达国家地区区域规划广泛应用的一种战略,目的是想将工业化扩展到农村地区,以及通过解决地区不发达问题促进区域平衡发展。从总体上说,增长极理论形成在一定时代和区位背景中,虽是制定区域经济政策和区域发展规划的理论依据,但不能作为区域社会经济发展的组织模式,它是主要针对经济发展步入成长阶段或成熟阶段的区域而言的(安虎森[③],1997)。因此,将该理论应用于本国区域发展规划时,要充分考虑适宜性和限制性。

(2) 循环累积因果理论。

冈纳·缪尔达尔[④](G. Myrdal,1957)认为市场机制会导致经济在空间上出现"地理上的二元经济"结构(Geographical Dual Economy)理论,他以扩散效应[⑤](Spread Effects)和回流效应[⑥](Backwash Effects)说明经济发达地区优先发展对其他落后地区具有的促进作用和不利影响。该理论认为经济发达地区和经济不发达地区是同时存在的,必须依靠政府政策干预来刺激落后地区的发展,限制地区差异的扩大。同时他指出,不能消极等待发达地区的扩散效应,消除差距应由政府采取一定的特殊政策措施促进欠发达地区发展,防止累积性因果循环造

---

① Francois Perroux. Economic Space: Theory and Applications [J]. Quarterly Journal of Economics, 1950, 64: 89-104.
② Francois Perroux. A Note on the Notion of Growth Pole [J]. Economie Appliquee, 1955 (1-2).
③ 安虎森. 增长极理论评述 [J]. 南开经济研究, 1997 (2): 31-37.
④ Gunnar Myrdal. Economic Theory and Under-Developed Regions [J]. Gerald Duckworth & Co., 1957.
⑤ 当经济发展到一定水平时,出现资本、劳动力、技术等要素在一定程度上从发达地区流向落后地区的现象。
⑥ 受收益差异吸引,资本、劳动力、技术等要素由落后地区向发达地区而流动的现象,造成落后地区的发展衰退,产生区域差距的扩大。

成的贫富差距无限制扩大，尤其是欠发达区域政府应制定相应的对策措施自我发展经济，以缩小这种差异。同时，各地区发展的差别也不宜拉得过大。缪尔达尔的理论经西方一些学者利用统计方法检验，被认为大致符合实际情况，因而受到了发展经济学家和发展中国家政府的重视。

（3）区际经济增长相互传递理论。

赫希曼[①]（A. O. Hirschman，1961）倡导把非均衡战略看作经济发展的最佳方式。他认为各区域经济不会同时发展，往往是一个或几个区域实力中心首先发展，经济增长力将在这些先发展的区域点周围形成空间集中，先增长地区对落后地区的有利影响称为渗透效应（Trickling - down Effects），不利影响称为极化效应（Polarizes Effects），在地理空间"极"内，经济增长的累积集中将首先加大地区间的经济差异，而长期的地理渗透效应将会减少这种差异。在这点上，他与缪尔达尔意见相左。

（4）区域经济梯度转移论。

弗农[②]（Vernon，1966）等提出的区域经济梯度转移论，认为在一个大区域范围内，由于地理环境、发展条件、历史基础等原因，区际间经济发展是不平衡的，客观上存在经济技术梯度。经济创新活动首先发源于高梯度地区，然后随着时间的推移逐步向低梯度地区转移。

（5）倒 U 型发展理论。

威廉姆逊[③]（Williamson，1965）提出了区域经济倒 U 型（Reversed - u - shaped Theory）发展理论，他采用了 24 个国家的时间序列数据和横截面数据，通过实证分析论证了一个国家在经济发展的早期阶段是不均衡的，各区域间差距将会扩大，随着经济水平的不断发展，区域间的不平衡程度将趋于稳定；到达成熟阶段后区域发展差距缩小，趋于均衡发展。图 2 - 1 反映了经济不均衡发展程度由先扩大再缩小的不同形式。阿隆索（W. Alonso[④]，1980）针对经济发展早期的不平衡提出了钟型成长理论（Bell Shaped Theory），其归结为描述经济成长过程转变顺序的五种钟型曲线：区域间经济增长率差异增大，社会不平等扩大，收入差距拉大，城市化水平差距拉大和人口增长率差异扩大，但经过发展的一个特定转折点后差异将趋于收敛。

---

① Albert O. Hirschman. The Strategy of Economic Development [J]. Yale University Press, 1961.

② Raymond Vernon. International Investment and International Trade in the Product Cycle [J]. The Quarterly Journal of Economics, Vol. 80, No. 2, 1966 (5): 190 - 207.

③ Jeffrey G. Williamson. Regional Inequality and the Process of National Development: A Description of the Patterns [J]. University of Chicago, 1965.

④ W. Alonso Five Bell Shapes in Development [J]. Papers, Regional Science Association, 1980, 45: 5 - 16.

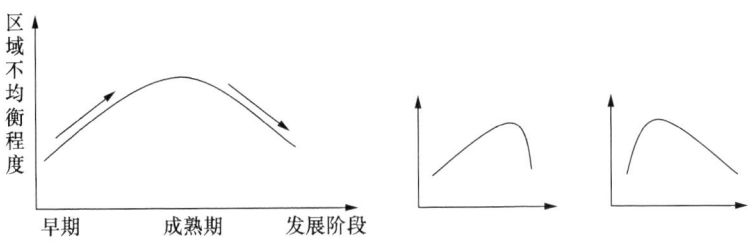

图 2-1 经济发展不同阶段区域的不均衡程度

倒 U 型理论忽视了区际差异缩小过程中政府的干预作用，因为单凭经济发展的内在规律和市场作用，区域差异是不可能自动消失的。

以上非均衡发展理论只有威廉姆逊的倒 U 型理论强调了经济发展程度较高时期增长对均衡的依赖，其他均强调非均衡发展是绝对的，发展对于非均衡具有依赖性，但忽略了均衡发展的积极作用。而且都没有阐述非均衡发展程度的合理边界问题，即是否存在一个最优的非均衡发展度并未提及，显然忽略了区域差异扩大导致的社会矛盾激化从而引起对经济发展的负作用代价。同时，这几种非均衡发展理论对政府和市场作用的认识也不统一，依据许多国家发展经验，区域差异的变动一般是经济发展的内在规律、市场和政府干预三种力量共同综合作用的结果，片面强调某一方面均有失偏颇。社会保障作为一项社会政策依赖于社会财富而存在，与经济发展水平相适应，经济非均衡发展则必然产生社会保障发展水平的非均衡状态。

我国的经济发展战略主要是借鉴各种非均衡发展理论，比如邓小平经济发展理论的"先富带后富"、"先沿海后内陆"和"三步走"等战略，非均衡发展理论的实施带动了中国经济快速发展，但也出现了城乡、省际和区域经济发展差距、收入差距扩大，社会矛盾增多，经济不公平程度加剧，为缓解东、西部地区发展差距的历史存在和过分扩大，并实现中国经济、社会健康发展和东、西部地区协调发展的全局性问题。2000 年 10 月，中共十五届五中全会通过《中共中央关于制定国民经济和社会发展第十个五年计划的建议》，把实施西部大开发、促进地区协调发展作为一项战略任务，强调加快中、西部地区发展和地区协调发展。西部大开发必然意味着我国区域经济发展战略由非均衡向均衡的转变。虽然非均衡理论无法阐述非均衡发展的合理界限问题，但在实践中充分考虑其政治意义和社会影响的全局和长远看，及时消除缓解非均衡差距也是一项重要战略选择。

3 社会保障制度的非均衡发展进程

3.1 城镇社会保险制度的发展演变

3.1.1 养老保险制度

(1) 城镇职工基本养老保险制度。

从中共十八大到全国两会再到十八届三中全会,"中国梦"成为国人的热议话题,也是当今社会的时代最强音。不同的人对于"中国梦"有不同的理解和憧憬,而实现"老有所养"是广大人民群众热切的期盼,也是社会养老保险制度的重要目标。我国的社会养老保险制度自20世纪50年代建立以来,已经有60多年的发展历史,可以划分为以下几个发展阶段:

第一阶段:改革前传统的养老保险制度(1951~1983年)。

新中国的养老保险制度是在20世纪50年代初期开始建立起来的。由于受经济发展水平的制约以及城乡二元社会结构的影响,当时的养老保险制度主要是针对城镇劳动者的。1951年2月26日,中央人民政府政务院颁布《中华人民共和国劳动保险条例》,建立了国有企业职工的养老保险制度;1955年12月29日,国务院颁布《国家机关工作人员退休处理暂行办法》、《国家机关工作人员退职处理暂行办法》、《关于处理国家机关工作人员退职、退休时计算工作年限的暂行规定》等法规,建立了国家机关和事业单位工作人员的退休制度。

1966年,"文化大革命"开始,正常的退休制度遭到严重破坏。1969年2月,财政部颁发《关于国营企业财务工作中几项制度的改革意见(草案)》,这一文件实际取消了社会统筹的社会养老保险制度,使之蜕变为企业养老保险制度,并一直延续到改革开放时代。

1976年10月，"文化大革命"结束，劳动部门的主要工作集中在恢复"文化大革命"破坏的原有的退休养老制度。在此期间，国务院颁布了《关于老干部离职休养的暂行规定》、《关于军队干部退休的暂行规定》等法律法规，都是原有制度的延续和恢复，没有进行改革和突破。

第二阶段：城镇企业职工基本养老保险制度的探索与最终确立（1984～1999年）。

进入20世纪80年代后，原有的养老退休制度与市场经济导向的经济体制改革越来越不相适应，改革迫在眉睫。1984年，广东省江门市和东莞市、四川省自贡市、江苏省泰州市和辽宁省黑山县率先进行退休费用社会统筹的试点，拉开了中国养老保险制度发展的序幕。1986年7月，国务院发布了《国营企业实行劳动合同制暂行规定》，提出国家对劳动合同制工人的退休养老保险实行社会统筹，所需资金来源于企业和劳动合同制工人共同缴纳的费用，此举标志中国城镇企业职工养老保险制度改革正式开始。1991年，国务院发布《关于企业职工养老保险制度改革的决定》，首次提出基本养老保险基金实行社会统筹和部分积累的筹资模式，退休费用社会统筹正式在全国推广。1995年，国务院发布《关于深化企业职工养老保险制度改革的通知》，第一次以国务院文件的形式要求各地建立个人账户，逐步提高个人缴费比例，确立了社会统筹和个人账户相结合的财务制度，并提出了两种"统账结合"的实施方案，允许各地结合本地实际选择和改造。1997年，国务院颁布《关于建立统一的企业职工基本养老保险制度的决定》，统一了各地"统账结合"的实施方案，规定了统一的缴费比例和管理办法，城镇企业职工基本养老保险制度确立。

第三阶段：城镇企业职工基本养老保险制度的改革（2000年至今）。

我国在实施统账结合的基本养老保险制度中，由于制度的转轨造成了数额巨大的转轨成本，继而产生了"空账"问题。为解决这一问题，2000年国务院发布《关于完善城镇社会保险体系的试点方案》，试点的主要任务是"做小做实"个人账户。该方案2001年正式在辽宁省试点，2004年开始扩大到吉林和黑龙江两省。2007年，劳动保障部发布《关于进一步扩大做实企业职工基本养老保险个人账户试点工作有关问题的通知》，要求在确保基本养老金发放的前提下提高做实个人账户比例。天津等8省（区、市）2006年从3%起步做实个人账户，以后逐步提高做实比例，督促做实个人账户。

2012年末全国参加城镇基本养老保险人数为30427万人，比上年末增加2036万人。其中，参保职工22981万人，参保离退休人员7446万人，分别比上年末增加1416万人和619万人。年末基本养老保险基金累计结存23941亿元。辽宁、吉林、黑龙江、天津、山西、上海、江苏、浙江、山东、河南、湖北、湖南、新疆13个做实企业职工基本养老保险个人账户试点省份共积累基本养老保险个人账户基金3396亿元。全国31个省份和新疆生产建设兵团（不包括澳台地区，下同）已建立养老保险省级统筹制度①。

可见，我国的城镇企业职工的养老保险制度经历了一个从企业保险到社会保险、从现收现付到部分积累、从单一所有制覆盖到全覆盖的复杂过程，其成就有目共睹。但在改革中也面临种种挑战，如退休年龄问题、养老保险基金的投资问题、养老保险制度的碎片化问题都亟待解决。

（2）城镇居民社会养老保险。

近年来，我国在养老保险制度方面进行了不断尝试和改革，统一了城镇企业职工的基本养老保险制度，建立了农民工、灵活人员养老保险和农村居民养老保险，这些制度从无到有，保障覆盖范围不断扩大，养老保障体系逐步完善。随着职工基本养老保险制度的不断完善和新农保试点的启动实施，城镇非从业居民缺乏养老保险制度安排的问题凸显，成为我国实现养老保险制度全覆盖的最后一项制度缺失。

《中华人民共和国国民经济和社会发展第十二个五年规划纲要》和《中华人民共和国社会保险法》明确规定：国家建立和完善城镇居民社会养老保险制度。2011年，人力资源和社会保障部会同有关部门在深入调研、总结各地经验的基础上，起草了城镇居民养老保险试点的《指导意见》。同年6月1日，国务院第157次常务会议审议了《关于开展城镇居民社会养老保险试点的指导意见》，决定自2011年7月1日起，启动城镇居民社会养老保险试点工作。

指导意见指出，城镇居民养老保险试点实施范围与新型农村社会养老保险试点基本一致，2012年基本实现城镇居民养老保险制度全覆盖。年满16周岁（不含在校学生）、不符合职工基本养老保险参保条件的城镇非从业居民，可以在户籍地自愿参加城镇居民养老保险；城镇居民养老保险基金主要由个人缴费和政府补贴构成。参保人自主选择档次缴费，多缴多得；地方人民政府应对参保人员缴费给予补贴，补贴标准不低于每人每年30元；国家为每个参保人员建立终身记录的养老保险个人账户。养老金待遇由基础养老金和个人账户养老金构成，支付终身。中央确定的基础养老金标准为每人每月55元；参加城镇居民养老保险的城镇居民，年满60周岁，可按月领取养老金。

建立城镇居民养老保险制度，实现了我国基本养老保险制度全覆盖，标志着我国社会养老保险制度体系的初步形成。

---

① 2012年度人力资源和社会保障事业发展统计公报。

3.1.2 医疗保险制度

医疗保险制度就是当劳动者生病或受到伤害后，由国家或社会提供医疗服务或经济补偿的一种社会保障制度。医疗保险制度不仅涉及医疗供求的双方，而且还涉及医疗保障、医药供应等方面，从而是社会保障制度中最为复杂的一项社会保险制度。在城镇，医疗保险制度主要包括城镇职工基本医疗保险制度和城镇居民医疗保险制度。

（1）城镇职工基本医疗保险制度。

城镇职工基本医疗保险制度经历了劳保医疗和公费医疗保险到企业医疗保险再到社会医疗保险的变迁过程。大致可分为以下几个阶段：

第一阶段：劳保医疗和公费医疗阶段（1951～1977年）。

我国计划时期的城镇医疗保险制度由劳保医疗与公费医疗组成。1951年2月26日，新中国以政务院的名义颁发了《中华人民共和国劳动保险条例》。1953年1月2日，政务院发布了修订的《条例》，对医疗、工伤、养老、生育待遇作了全面规定，标志着我国劳保医疗保险制度的初步建立，其保障对象主要是国有企业职工和退休人员。1952年6月27日，政务院发布《关于全国各级人民政府、党派、团体及所属事业单位的国家工作人员实行公费医疗预防的指示》和《国家工作人员公费医疗预防实施办法》，这标志着中国机关、事业单位公费医疗制度的建立，其保障对象主要是国家机关和全民所有制事业单位工作人员、离休人员和退休人员。

劳保医疗和公费医疗在保障水平、保障方式、筹资方式以及具体组织和管理方面并没有本质的区别，二者的筹资来源归根结底来自国家财政收入，事实上隐含着全国范围内的统筹关系，并最终由国家负责，从而均具有国家—单位保障的本质特征①。

1965年，卫生部和财政部联合颁布了《关于改进公费医疗管理问题的通知》，对公费医疗制度进行了适当改革，如就诊要收挂号费、营养滋补药品除经医院领导批准的外一律实行自费。1966年，原劳动部和中华全国总工会联合发出了《关于改进企业职工劳保医疗制度几个问题的通知》，对劳保医疗制度作了改革，实行"个人少量收费"。

"文化大革命"十年动乱期间，社会保险工作遭受严重破坏，业务管理机构被撤销，劳动部门受到削弱，业务干部遭到批斗或被调走，社会保险工作无人管理，陷入瘫痪状态。

---

① 郑功成. 中国社会保障30年［M］. 北京：人民出版社，2008.

第二阶段：医疗费用负担机制及社会统筹的探索（1978～1992年）。

改革开放后，原有的劳保医疗和公费医疗制度面临一系列挑战。主要问题是由于医疗保险资金的筹集中没有体现个人责任而造成的医疗费用激增和医疗保险制度封闭运行造成的单位及基层财政风险的加大。为了解决上述问题，从20世纪80年代开始，公费医疗和劳保医疗制度开始改革。从1985年开始，部分地区和行业开始对医疗费用社会统筹进行探索。1984年，卫生部、财政部发出《关于进一步加强公费医疗管理的通知》，开始公费医疗保险制度的改革及试点。1988年，经国务院批准成立的医疗制度改革研讨小组推出《职工医疗保险制度改革设想（草案）》，提出了医疗费由财政确与个人（公费医疗）、企业与个人（劳保医疗）共同负担的设想，并于1989年选择丹东、四平、黄石、株洲为改革的试点城市①。1992年3月19日，劳动部拟定了《关于企业职工医疗保险制度改革的设想（征求意见稿）》，明确提出了要建立医疗保险基金三方合理负担的原则，职工也要少量缴费。

第三阶段："统账结合"试点及城镇职工基本医疗制度的确立（1993～2002年）。

1993年11月14日，党的十四届三中全会通过《关于建立社会主义市场经济体制若干问题的决定》，指出："城镇职工养老和医疗保险金由单位和个人共同负担，实行社会统筹和个人账户相结合"，这标志着医疗保险制度的改革步入了建立统账结合新阶段。1994年4月，国家体改委、财政部、劳动部、卫生部联合制定了《关于职工医疗制度改革的试点意见》，由国务院正式确定在"两江"（江苏镇江和江西九江）进行医疗保险统账结合的试点。1998年12月14日，国务院颁布《关于建立城镇职工基本医疗保险制度的决定》，确立了统账结合的医疗保险制度模式。

第四阶段：城镇职工基本医疗保险制度扩面及与新医改的配套改革（2003年至今）。

2003年4月，劳动和社会保障部发出《关于进一步做好扩大城镇职工基本医疗保险覆盖范围工作的通知》，要求进一步扩大医疗保险覆盖面。同年5月，劳动和社会保障部办公厅发布了《关于城镇灵活就业人员参加基本医疗保险的指导意见》，要求积极将灵活就业人员纳入基本医疗保险制度。2004年5月，劳动和社会保障部办公厅又发布了《关于推进混合所有制企业和非公有制经济组织从业人员参加医疗保险的意见》，就推进混合所有制企业和非公有制经济组织从业人员参加医疗保险作出了指导意见。2006年5月，劳动和社会保障部办公厅又发

---

① 蔡仁华主编. 中国医疗保障制度改革实用全书［M］. 北京：中国人事出版社，1997.

布了《关于开展农民工参加医疗保险专项扩面行动的通知》,开展农民工参加医疗保险的专项扩面行动。截至 2012 年末,参加城镇职工基本医疗保险人数为 26486 万人,比上年末增加 1258 万人;在职工基本医疗保险参保人数中,参保职工 19861 万人,参保退休人员 6624 万人,分别比上年末增加 913 万人和 346 万人①。

社会医疗保险制度改革离不开我国医药卫生体制改革的大背景,2005 年国务发展研究中心课题组发布研究报告《对中国医疗卫生体制改革的评价与建议》,声称中国医疗卫生体制改革"从总体上讲是不成功的",引发新一轮关于我国医药卫生讨论与实践。2006 年 6 月,国务院筹划启动新一轮医改,2008 年 10 月,国家发改委公布《关于深化医药卫生体制改革的意见》。2009 年 4 月,《中共中央国务院关于深化医药卫生体制改革的意见》对外公布,新一轮医改方案出台。《意见》首次提出,把基本医疗卫生制度作为公共产品向全民提供,到 2011 年,基本医疗保障制度全面覆盖城乡居民,切实缓解"看病难、看病贵"问题。新医改方案的五项改革之一就是要加快推进基本医疗保障制度建设,3 年内使城镇职工和居民基本医疗保险及新型农村合作医疗参保率提高到 90% 以上。2010 年,对城镇居民医保和新农合的补助标准提高到每人每年 120 元,并适当提高个人缴费标准,提高报销比例和支付限额。

(2) 城镇居民基本医疗保险。

长期以来,城镇非从业居民一直是医疗保险制度的盲点,为了解决这部分人的医疗保障问题,实现基本建立覆盖城乡全体居民的医疗保障体系的目标,2007 年 7 月,国务院办公厅发布了《关于开展城镇居民基本医疗保险试点的指导意见》,提出从 2007 年开始,通过试点和探索,逐步开展城镇居民基本医疗保险工作,2010 年在全国全面推开。城镇居民基本医疗保险制度的保障对象是城镇未纳入城镇职工基本医疗保险制度覆盖范围的学生、儿童和其他非从业城镇居民,该指导意见明确了试点工作的目标和原则、参保范围和筹资水平及其他配套服务、管理、组织等要求。截至 2012 年底,参加城镇居民基本医疗保险人数为 27156 万人,比上年末增加 5040 万人②。自此,城镇基本医疗保险在制度上基本实现了全覆盖。

3.1.3 工伤保险制度

新中国成立至改革开放前的 30 年,我们实行的是与计划经济体制相适应的高度集中统一的工伤保险体制,即由国家包办、企业负责为主。1978 年之后,

---

①② 2012 年度人力资源和社会保障事业发展统计公报。

随着经济体制改革的逐步推进，中国工伤保险制度也发生了变革，社会化的特征逐渐明显并最终定型。我国城镇职工工伤保险制度的发展可以分为以下几个阶段：

第一阶段：工伤保险制度的初建及发展（1949~1968年）。

从制度上追溯，我国最早的关于工伤问题的政策文件是1950年的《革命工作人员伤亡褒恤暂行条例》，该条例对在对敌斗争中负伤或因公负伤的革命工作者的抚恤问题进行了规定。1951年，政务院颁布了《中华人民共和国劳动保险条例》，该条例将工伤保险列在各项保险项目之首，规定工伤保险的覆盖范围是"工人，职员一百人以上的国营、公私合营、私营及合作社经营的工厂及工、矿、交通事业的基本建设单位国营建筑公司的职工"。1957年2月28日，卫生部制定和颁布了《职业病范围和职业病患者处理办法的规定》，将危害职工健康比较严重的十四种与职业活动有关的疾病正式引入职业病的范围，并首次将其列入工伤保险的范畴。这一系列法规的颁布，构建起中国与计划经济体制相适应的工伤保险制度的基本框架。

第二阶段：工伤保险制度的停滞阶段（1958~1977年）。

1958年"大跃进"开始，以及后来的"文化大革命"，使已平稳运行的工伤保险制度陷入非正常状态，原有的保险制度皆无法正常运转。1969年2月财政部发布《关于国营企业财务工作中几项制度的改革意见（草案）》，要求国营企业一律停止提取劳动保险金，企业的退休职工，长期病号工资和其他劳保开支在营业外列支。这样，工伤保险变成了企业自身的事情，社会保险蜕化为企业保险，社会保险的统筹调剂职能彻底丧失。

第三阶段：工伤保险制度的新探索及最终确立（1978~2002年）。

1978年十一届三中全会以后，我国开始了由计划经济向市场经济的转轨，工伤保险制度也随着经济体制改革尤其是国有企业改革而逐步进入改革时期。1986年7月12日，国务院颁布《国营企业实行劳动合同暂行规定》，要求对已经遭受工伤和患职业病的职工，企业不得与其解除劳动合同，体现了对工伤职工的保护。从1988年开始，劳动部着手研究工伤保险的改革问题，并在深圳、海口等地进行了工伤保险制度改革的试点。在实行试点的同时，工伤保险的立法工作也逐渐展开。如1990年中共中央《关于制定国民经济和社会发展十年规划和"八五"计划的建议》、1991年七届人大四次会议批准的《中华人民共和国国民经济和社会发展十年规划和第八个五年计划纲要》、1993年中共十四届三中全会通过的《中共中央关于建立社会主义市场经济体制若干问题的决定》都强调要改革和普遍建立企业工伤保险制度。1994年《中华人民共和国劳动法》出台，最终将工伤保险制度以法律的形式确定下来，并在中国大陆境内的企业、个体经济组织和与之形成劳动关系的劳动者中贯彻实施。

1996年8月,在总结各地试点经验的基础上,劳动部发布并实施《企业职工工伤保险试行办法》,成为中国历史上首部针对工伤保险的专项立法,我国的工伤保险制度最终得以确立。虽然《试行办法》仅是一部由劳动部颁布的规范性文件,法律层次较低,但却是第一次将工伤保险作为单独的保险制度统一组织实施,对沿用了多年的企业自我保障的工伤福利制度进行了社会化统筹的改革,从而对工伤保险制度具有体制创新和机制转换的重大意义。

第四阶段:工伤保险制度的定型(2004~2011年)。

随着我国经济和社会的发展,《企业职工工伤保险试行办法》作为部门规范性文件所限而导致的法律效力低、强制性不足的弊端,以及内容不完善等问题逐渐暴露出来,再加上我国所面临的第五次事故高发期的现实,迫切需要颁布一部与经济发展水平相适应并与国际接轨的工伤保险法律①。2003年4月,在总结改革开放以来尤其是《企业职工工伤保险试行办法》运行六年的实践经验的基础上,国务院出台了《工伤保险条例》,并于2004年1月1日正式实施,中国的工伤保险制度得以定型。

第五阶段:工伤保险制度的完善(2011年至今)。

《工伤保险条例》自2004年1月1日实施以来,对保障职工的权益,分散用人单位工伤风险,维护社会和谐稳定发挥了重要作用。但是随着我国社会经济的快速发展和法律制度的健全,出现了一些新情况和问题。2010年12月20日,国务院发布《关于修改〈工伤保险条例〉的决定》,新修订的《工伤保险条例》将从2011年1月1日起正式施行。新的《工伤保险条例》更好地保障了工伤职工的切身利益,分散了用人单位的工伤风险,加快了工伤保险制度体系的完善。

2012年末,全国参加工伤保险人数为19010万人,比上年末增加1314万人。全年认定(视同)工伤117.4万人,比上年减少2.8万人;全年享受工伤保险待遇人数为191万人,比上年增加28万人。全年工伤保险基金收入527亿元,年末工伤保险基金累计结存737亿元②。

3.1.4 失业保险制度

由于我国对"失业"概念及失业问题的认识经历过一个曲折复杂的过程,我国失业保险制度的建立相对比较晚,大致可分为以下几个阶段:

第一阶段:失业救济(1949~1985年)。

---

① 孙树菡,朱丽敏.中国工伤保险制度30年:制度变迁与绩效分析[J].甘肃社会科学,2009(3):60.
② 2012年度人力资源和社会保障事业发展统计公报.

新中国成立初期,为了解决旧中国遗留下来的失业问题,当时的政务院在1950年6月发布了《关于救济失业工人的指示》,该指示实际上是一种临时救急的过渡性措施。1951年政务院发布了《中华人民共和国劳动保险条例》,该条例对职工的生、老、病、死、伤残、医疗等方面的待遇作了具体规定,初步确立了包括养老、医疗、工伤、生育、遗属保险在内的社会保险的基本框架。但当时理论界不承认社会主义存在失业问题,因此失业保险便被排除在社会保险体系之外。

第二阶段:待业保险制度的确立及探索(1986~1998年)。

1986年,为了配合国有企业改革、实行劳动合同制、促进劳动力的合理流动,国务院颁发了《国营企业职工待业保险暂行规定》,标志着我国失业保险制度的建立。基于意识形态方面的考虑,《国营企业职工待业保险暂行规定》没有使用"失业",而使用"待业"一词,但事实上已经承认了失业现象的存在,并在制度层面上确立了救济工人的政策。

20世纪90年代以后,由于经济改革的力度加大,国有企业富余人员问题浮出水面。一方面,1986年初步建立的待业保险因制度自身的严重缺陷和实施过程中的人为因素,在很大程度上只是一种制度象征,并没有发挥出很大的实际效用,也与深化企业改革其他方面的进展不配套;另一方面,中国经济体制进入整体改革阶段的宏观背景也进一步对失业保险制度的完善提出了要求,创造了环境①。1993年4月,国务院颁布了《国有企业职工待业保险规定》,《国营企业职工待业保险暂行规定》废止。该规定在扩大保险范围的同时,并未遵循国际通行的非本人过失引起失业才能享受失业保险待遇的原则,也没有明确职工个人在失业保险制度中的缴费责任,这表明我国的失业保险制度仍在探索阶段。

第三阶段:失业保险制度的正式确立(1999~2004年)。

20世纪末,随着我国市场经济体制改革的推进,国有企业进入了深化改革的"快车道",当时的首要任务就是要建立并健全推动国企改革的最重要的基础工程之一——失业保险制度。1999年1月,国务院颁布了《失业保险条例》,标志着我国失业保险制度的正式全面确立。该条例首次在法规中以"失业保险"取代"待业保险",把失业保险的参保范围扩大到国有企业之外的所有类型企业以及事业单位,并首次确立了劳资双方分担失业保险缴费义务的规则。虽然《失业保险条例》仍然存在一些缺陷,但已经完全具备失业保险制度所必备的内容,并符合失业保险制度的普遍性原则②。

第四阶段:失业保险制度促进就业功能的强化(2005年至今)。

---

① 张彦丽. 我国失业保险制度变迁历程研究[J]. 商业研究, 2012(11):152.
② 郑功成. 中国社会保障30年[M]. 北京:人民出版社, 2008:261.

2005年，国务院颁布了《关于进一步加强就业再就业工作的通知》，明确要求要进一步发挥失业保险制度促进再就业的功能。2008年金融危机期间，人社部等部委联合下发了《关于采取积极措施减轻企业负担稳定就业局势有关问题的通知》，明确了帮助困难企业稳定就业的政策措施，具体可概括为"五缓四减三补贴"，其中涉及失业保险的措施可以概括为"一缓一减两补贴"。"一缓"即在2009年之内，允许困难企业缓缴失业保险费，缓缴期限最长不超过6个月，"一减"即降低失业保险费率，期限最长不超过12个月，"两补贴"即使用失业保险基金向困难企业支付社会保险补贴和岗位补贴，补贴期限最长不超过6个月。

2009年12月，人社部等部委联合下发了《关于进一步做好减轻企业负担稳定就业局势有关问题的通知》。2010年1月，人社部下发了《关于做好当前失业保险工作稳定就业岗位有关问题的通知》。2010年3月，温家宝总理在《政府工作报告》中明确指出，实施困难企业缓缴社会保险费或降低部分费率、再就业税收减免及提供相关补贴等政策，鼓励企业稳定和增加就业、2009年到期的"五缓四减三补贴"就业扶持政策延长1年等。党的十八大提出，要增强失业保险对促进就业的作用。失业保险具有保障失业人员基本生活、预防失业和促进就业三大功能，而现行的失业保险制度只发挥保障基本生活的作用。要进一步完善失业保险预防失业、促进就业的政策体系，通过实行失业保险基金支付岗位补贴、社会保险补贴、培训补贴和就业补贴等政策，鼓励企业稳定就业岗位、吸纳失业人员就业，构建稳定就业的长效机制，切实增强失业保险对促进就业的作用。

2012年末，全国参加失业保险人数为15225万人，比上年末增加908万人。年末全国领取失业保险金人数为204万人，比上年末增加7万人。全年失业保险基金收入1139亿元，比上年增长23.4%；支出451亿元，比上年增长4.1%。年末失业保险基金累计结存2929亿元①。

3.1.5 生育保险制度

生育保险是国家通过立法，在女性劳动者由于生育子女而暂时丧失劳动能力时，从社会和国家得到必需的物质帮助的一项社会保险制度。生育保险制度对于女性劳动者的身心健康以及其劳动权益的维护都具有重要意义。我国的生育保险制度相对其他几项社会保险制度而言，发展相对比较缓慢。其发展大致可以分为以下几个阶段：

第一阶段：新中国成立之初的社会生育保险时期（1949~1956年）。

我国生育保险制度在新中国成立初期就已经建立，主要体现在新中国第一部

---

① 2012年度人力资源和社会保障事业发展统计公报。

全国统一的社会保障法规——《中华人民共和国劳动保险条例》之中,其保障对象为"女工人与女职员"。1955 年的《国务院关于女工作人员生产假期的通知》使"机关女工作人员"也有了基本相同的生育保障。新中国成立初期的职工生育保险应该说是内容比较全面、支付也很慷慨、制度比较灵活,但由于受到当时社会经济条件限制,当时的生育保险水平还是很低的。

第二阶段:企业生育保险时期(1957~1977 年)。

1957 年以后,我国已完成了对私营经济的"社会主义改造",私营经济和公私合营经济都转制成了国营经济,劳动者"单位所有制"逐步形成。1969 年 2 月,财政部颁发了《关于国营企业财务工作中几项制度的改革意见(草稿)》,规定:"国营企业一律停止提取工会经费和劳动保险金","企业的退休职工、长期病号工资和其他劳保开支,改在企业营业外列支"。从此,我国社会保险的统筹制度被中断,生育保险制度随之变成了企业生育保险。

第三阶段:生育保险改革探索时期(1978~1993 年)。

改革开放以后,原有的生育保险制度与市场经济条件下的企业制度不相适应,国家又没有出台新的统一政策,多地开始进行生育保险制度的改革探索。1988 年国务院颁布《女职工劳动保护规定》,女职工产假由原来的 56 天增加至 90 天。1953 年的《中华人民共和国劳动保险条例(修正草案)》中有关女工人和女职员生育待遇的规定和 1955 年 4 月 26 日的《国务院关于女工作人员生产假期的通知》同时废止。1988~1993 年各地的生育保险制度改革措施归纳起来主要有两种:一是生育保险基金社会统筹;二是夫妇双方所在企业平均分担生育保险费用①。生育保险基金社会统筹或生育保险费用分担在很大程度上减轻了试行企业生育保险费用的压力,对妇女就业产生了积极作用,有利于当时社会的稳定和经济的快速发展。

第四阶段:建立社会生育保险时期(1994 年至今)。

1994 年 12 月,劳动部发布《企业职工生育保险试行办法》,1995 年 1 月 1 日起试行,自此全国有了统一的生育保险基金统筹办法,这也是我国第一个试图与经济转型相适应的生育保险法规。《企业职工生育保险试行办法》自 1994 年实行以来,一直没有改革,这与我国经济社会快速发展的现实是不相适应的。在发展的过程中,出现了一些新情况、新问题,生育保险制度亟需改革。2011 年 7 月 1 日开始实施的《社会保险法》在一定程度上解决了这一矛盾。《社会保险法》第六章专门论述了生育保险,在《企业职工生育保险试行办法》的基础上,对医疗费用的范围、生育津贴等方面做了一些修订。但是《社会保险法》对生育

---

① 张福明,张务伟. 中国生育保险制度变迁的历史考察[J]. 发展,2007(2).

规定只是原则性的、方针性的，该法没有涉及的方面仍需参照《企业职工生育保险试行办法》。2012年11月21日，人社部、国务院法制办公布了《生育保险办法（征求意见稿）》，该办法扩大了生育保险的覆盖范围，明确生育保险将实现各类职工人群的全覆盖。除此之外，还对生育保险的缴费基数及比例、生育保险待遇等方面进行了修订。

2012年末，全国参加生育保险人数为15429万人，比上年末增加1537万人。全年共有353万人次享受了生育保险待遇，比上年增加88万人次。全年生育保险基金收入304亿元，支出219亿元，分别比上年增长38.4%和57.6%。年末生育保险基金累计结存428亿元①。

3.2 农村社会保险制度的发展演变

计划经济时期，广大农民所享受的社会保障是以社队为基础的集体经济制度提供的，其特点是全方位、低水平的社会保障。这种微不足道的集体经济保障，随着20世纪80年代初农村经济体制改革的进行而逐渐消失。之后，农村除了"五保户"和烈、军属以外，广大农民基本上没有享受到任何直接的社会保障。进入21世纪以后，国家对农村的保障制度的发展非常重视，先后重新建立了农村居民的养老和医疗保险制度。因此，中国农村的养老和医疗保险制度都经历了一个从无到有、从"老"到"新"的变迁过程。

3.2.1 农村居民养老保险制度

（1）老农保。

农村养老保险制度（现称为"老农保"，与新型农村养老保险相对应）始于20世纪80年代之后。根据国家"七五"计划关于"抓紧建立农村社会保险制度"的要求，民政部早在1986年就开始在上海郊区、苏南地区等经济发达的乡镇开始了建立农村社会养老保险制度的探索。1991年，根据国务院指示，在山东省烟台市牟平县等地进行试点，并取得成功。1992年，在总结试点经验的基础上，民政部发布了《县级农村养老保险基本方案（试行）》，并在全国有条件的地区逐步推广。《基本方案》包括农村社会养老保险的指导思想和基本原则；保险对象及缴纳、领取保险费的年龄；保险资金的筹集；交费标准、支付及变

---

① 2012年度人力资源和社会保障事业发展统计公报。

动；基金的管理与保值增值；立法、机构、管理和经费；理顺关系，稳妥处理与部分现行养老办法的衔接等方面的内容。《基本方案》规定，农村社会养老保险基金筹集以个人缴费为主、集体补贴为辅；实行个人账户储备积累制，农民个人缴纳的保险费和集体对其补助全部记在个人名下；基金以县级机构为基本核算平衡单位，按国家政策规定运营；保险对象达到规定领取年龄时，根据其个人账户基金积累总额计发养老金。《基本方案》从我国国情和农村实际出发，为建立农村社会养老保险制度提供了政策依据，是开展农村社会养老保险工作必须遵循的具有行政规章性质的文件，有较强的操作性。至1997年，农村养老保险的试点已遍及全国2000多个县（市、区），总计有8280万农村人口参加了农村社会养老保险。

1998年是农村养老保险制度的转折点，由于政府机构改革，农村养老保险由民政部移交给劳动和社会保障部。自1999年始，国务院开始对农村社会养老保险工作进行清理整顿。1999年7月2日，国务院下发了《国务院批转整顿保险业工作小组保险业整顿与改革方案的通知》，指出：目前我国农村尚不具备普遍实行社会保险的条件。对民政系统原来开展的"农村社会养老保险"，要进行清理整顿，停止接受新业务，区别情况，妥善处理，有条件的可以逐步将其过渡为商业保险，整顿和规范农村养老保险的具体办法由劳动和社会保障部、民政部会同保监会等有关部门另行规定。该通知对农村社会养老保险工作的社会性发生了动摇，使本来就心存疑虑的农民对农村养老保险的政策更加怀疑，农民担心投保的期限长，怕政策变，不愿积极投保。绝大多数基层农保机构停止办理新业务，没有管理费可提或提取管理费不足。同时，农保基金增值困难，基金运营正出现亏损，且无盈余的调剂金用来弥补管理费的不足。农保工作发展受阻，难度增大。至此，中国农村社会养老保险事业基本处于停滞状态。

（2）新农保。

旧的农村养老保险由于制度设计缺陷等原因，没有真正起到保障农村老年人基本生活的作用。2002年，中共十六大提出了"在有条件的地区探索建立农村养老、医疗保险和最低生活保障制度"。2004年，江苏省苏州、无锡等地区率先推进农村养老保险制度改革。2006年，北京也开始了农保改革。2007年，中共十七大把"探索建立农村养老保险制度"作为加快改善民生建设的重要内容。2009年3月，温家宝在十届人大二次会议上作的《政府工作报告》指出，"新型农村社会养老保险试点要覆盖全国10%左右的县（市）"。2009年6月24日，国务院第七十次常务会议研究决定在10%的县（市、区）开展新农保试点。2009年9月，国务院下发《关于开展新型农村社会养老保险试点的指导意见》，指出"2009年试点覆盖面为全国10%的县（市、区、旗），以后逐步扩大试点，在全国普遍实施，2020年之前基本实现对农村适龄居民的全覆盖"。新农保试点的基本原则是：保基本、广覆盖、有弹性、可持续。而且国家为每个新农保参保人建立终身记录的养老保险个人账户。新农保基金由个人缴费、集体补助、政府补贴构成。中央确定的基础养老金标准为每人每月55元，地方政府可以根据实际情况提高基础养老金标准，对于长期缴费的农村居民，可适当加发基础养老金，提高和加发部分的资金由地方政府支出。养老金待遇领取条件为年满60周岁，未享受城镇职工基本养老保险待遇的农村有户籍的老年人，可以按月领取养老金。经过几年的发展，新农保参保人数从2010年初的3326万人增加到2012年底的4.6亿人[①]。

3.2.2 农村基本医疗保险制度

（1）旧农合。

农村合作医疗制度（现称"旧农合"，与新型农村合作医疗制度相对应）是农村医疗卫生保障制度的核心。20世纪50年代中期，随着工业化和农村集体经济的确立，合作医疗制度在我国农村出现和推广。1966年，合作医疗的经验受到毛泽东主席的批示和赞赏，合作医疗制度很快在全国得到迅速发展和普及，有力地促进了农村居民医疗保健的可及性和可得性，基本解决了农村居民在医疗保健方面缺医少药的问题。1978年五届人大会议上，合作医疗制度被写入《中华人民共和国宪法》。1979年12月，卫生部、农业部、财政部等部委下发了《关于农村合作医疗章程（试行草案）》，标志着合作医疗的制度化和自愿性的社区医疗转变成为强制性的集体福利。到1979年，全国农村约有90%的行政村实行合作医疗，医疗保障覆盖85%的农村人口。

改革开放后，随着农村家庭联产承包责任制的推行，我国传统农村合作医疗的筹资主体出现缺失，合作医疗制度迅速衰落和解体，自费医疗制度再次成为农村居主导地位的医疗制度，相当规模的农民失去了社会和社区提供的集体医疗保障。1986年，中国仍保持合作医疗制度的行政村的比例仅为4.8%。20世纪90年代，中国许多地方政府进行了恢复农村合作医疗制度的努力。1991年1月，国务院出台《关于改革和加强农村医疗卫生工作的请示》的通知，提出为实现人人享有卫生保健目标需要稳步推行合作医疗保健制度，并进行了一系列的制度安排，如筹资原则为个人筹资为主、集体扶持、政府适当支持，但由于没有突出政府的筹资主体责任和制度设计的缺陷等原因而未能成功。

（2）新农合。

2002年10月，中共中央、国务院颁布《关于进一步加强农村卫生工作的决

---

① 吴邦国. 新农保参保人数去年底增至4.6亿人［EB/OL］. 新华网，2013-3-8.

定》,提出重建农村合作医疗制度。2003年1月23日,国务院办公厅转发了卫生部、财政部和农业部所发的《关于建立新型农村合作医疗的制度的意见》,新型合作医疗制度正式启动。新型合作医疗制度是由政府组织、引导、支持,农民自愿参加,个人、集体和政府多方筹资,以大病统筹为主的农民医疗互助共济制度。新型农村合作医疗制度在2002年下半年开始在全国各地试点实施以来,推行速度较快。2006年,卫生部等7个部委联合发布了《关于加快推进新型农村合作医疗试点工作的通知》,从2007年开始,我国新型农村合作医疗制度建设由试点阶段转入全面推进阶段。到2008年,新农合实现了全面覆盖,参合人口数从试点初期的0.8亿人,逐年稳步增长,截至2012年6月底,参合人口达到8.12亿人,参合率达到95%以上①。

3.3 社会救助制度的发展演变

社会救助是指由政府承担责任,为城乡贫困家庭提供物质帮助,使这些家庭能够抵御生存危机,从而维持他们基本生活的一种社会保障制度。我国社会救助的发展历程可划分为以下几个阶段:

第一阶段:新中国成立初期到社会主义改造时期的社会救济(1949~1956年)。

由于连年战乱,民生凋敝,新中国成立初期的社会经济面临崩溃。加之从1949年到1952年接连发生全国性的水、旱、风暴等自然灾害,造成这一时期城乡贫困人口众多,需要救济的人群包括灾民、难民、贫民、散兵游勇、失业人员和无依无靠的孤老残幼等十余种。新成立的中央政府对困难群众救济工作十分重视,各级政府也相应设立了专门的职能机构,社会救济工作随之在全国范围内广泛展开。这一时期的社会救济具有明显的突击性紧急救助特征,针对不同人群采取不同救助政策,主要救济形式:一是为困难群众发放救济款物。二是发动慈善募捐,组织群众互助互济。三是通过遣散、教育、改造等方式,解决游民、娼妓等问题。对于流散在大小城市的国民党军队散兵游勇,除一小部分经短期集训教育后安置到厂矿就业外,大部分发给路费钱粮资遣回乡。四是妥善安置农村流入城市的难民、灾民和贫民。五是解决失业人员基本生活问题。

新中国成立初期,大规模的紧急救济不仅使数千万挨冻受饿、挣扎在死亡线

---

① 截至2012年上半年新农合参保人数已达8.12亿 [EB/OL]. 2012-09-17. http://www.hzins.com.

上的人员有吃有住有衣穿，摆脱了死亡威胁，而且对于妥善解决旧社会的遗留问题，恢复发展国民经济，巩固新建立的人民政权起到了至关重要的作用。这一时期确立的社会救济方针、原则和方式，成为我国社会救助制度的雏形，同时也为今后我国社会救助事业的发展奠定了基础。

第二阶段：全面建设社会主义时期的社会救济（1957~1977年）。

1957年，随着"三大"改造任务的基本完成，我国进入全面建设社会主义时期。此时，战争创伤已经医治，国民经济全面恢复，公有制主导地位确立，人民的物质生活有了明显改善，城乡困难人员大量减少，社会救济的对象、内容和方式都发生了新的变化，救助模式由紧急性救济转向经常性救济，城乡救济也开始呈现二元经济结构特征。

在农村，五保供养制度初步建立。对其他农村困难户的救济，则主要采取农村集体经济组织为主、国家保障为辅的救济方式。

在城市，伴随着计划经济体制的实施，我国建立了一整套就业与社会保障一体化的单位保障制度。社会救助在整个国家社会保障体系中的作用大大削弱，主要发挥"拾遗补缺"的作用。从救助对象上看，主要可分为孤老病残人员救济和特殊人员救济两类；从救助形式上看，可分为定期定量救济和临时救济两种。

"文化大革命"期间，党和国家的各项工作受到严重冲击。1969年内务部撤销，各地民政部门也被冲垮，社会救济一度处于混乱停滞状态，各项救济政策无法全面落实，很多按规定应该享受救济的人员得不到救济。此时的农村社会救济主要依托农村人民公社开展，城市社会救济主要依靠企事业单位组织实施。

第三阶段：改革开放前期的社会救济制度（1978~1992年）。

随着家庭联产承包责任制的推行，集体经济组织的统筹保障功能日益弱化，迫切需要政府改革救济方式，在这一时期社会救济工作的重点是农村的贫困救济。针对改革开放初期农村贫困面较大的情况，农村救济采取定期定量救济、农村五保供养救助、开发式扶贫三种方式。

城市社会救助工作也得到快速恢复和发展。1979年11月，民政部召开全国城市社会救济福利工作会议，明确城镇救济对象主要是"无依无靠、无生活来源的孤老残幼和无固定职业、无固定收入、生活有困难的居民。对中央明文规定给予救济的人员，按规定办理"。

这一时期的社会救济工作虽然得到比较快的恢复和发展，但并未突破原有体制和框架，城乡社会救济分别按各自路径发展。

第四阶段：居民最低生活保障与新型社会救助体系的确立与发展（1993年至今）。

改革开放以后，市场经济体制逐步确立，导致大量失业下岗人员生活无着，城市贫困人口迅速增加，传统社会救济方式不能满足困难群众日益增长的救助需求。1993年，上海市民政局、财政局等部门联合下发《关于本市城镇居民最低生活保障线的通知》，并于当年6月1日开始实行，这个通知的下发标志着我国社会救济制度改革拉开了序幕。到1995年上半年，相继有厦门、青岛、大连、福州、广州等地建立城市居民最低生活保障制度。1997年9月2日，《国务院关于在全国建立城市居民最低生活保障制度的通知》下发，进一步制定和落实了城市居民最低生活保障制度。1999年9月28日，国务院正式颁布《城市居民最低生活保障条例》。条例的颁布和实施，标志着我国城市低保制度正式走上法制化轨道，也标志着这项工作取得突破性重大进展。城市低保工作在经历了各地的探索创新和完善推广后，终于进入全面实施和规范管理的新阶段。2012年底，全国共有城市低保对象1114.9万户、2143.5万人。2012年，全国城市低保平均标准330.1元/人，比上年增长14.8%；全国城市低保月人均补助水平239.1元①。

在启动城市低保的同时，农村低保制度也开始在一些地区探索建立。1996年12月，民政部办公厅印发《关于加快农村社会保障体系建设的意见》，明确提出"凡开展农村社会保障体系建设的地方，都应该把建立最低生活保障制度作为重点，即使标准低一点，也要把这项制度建立起来。"随后，全国绝大多数省份都不同程度地实施了农村低保。2007年7月11日，国务院印发《关于在全国建立农村最低生活保障制度的通知》，对农村低保标准、救助对象、规范管理、资金落实等内容作出了明确规定。到2007年9月底，全国31个省（自治区、直辖市），2777个涉农县（市、区）已全部建立农村低保制度。2012年底，全国有农村低保对象2814.9万户、5344.5万人，比上年同期增加38.8万人，增长了0.7%。2012年，全国农村低保平均标准2067.8元/人年，比上年提高349.4元，增长20.3%；全国农村低保月人均补助水平104.0元②。

此外，各地还普遍开展了城乡医疗救助、教育救助与住房救助等专项救助制度建设，在低保制度的实践中还采取了分类救助的方法，以使有特殊困难的低保户家庭能够获得更多的援助。

3.4 社会福利制度的发展演变

社会福利有广义和狭义之分。我们这里所使用的是狭义的社会福利的概念，

---

① ② 2012年社会服务发展统计公报。

即除社会保险和社会救助之外,所有能够改善和提高社会成员物质和文化生活水平的保障措施和公益性事业,如对生活能力较弱的儿童、老人、残疾人、慢性精神病人、单亲家庭等弱势成员的社会照顾和社会服务。

第一阶段:改革开放前的社会福利(1951~1976年)。

1951年,政务院颁布《劳动保险条例》,建立了适用于国有企业、事业单位和人民团体的劳动保险制度。与此同时,对无生活来源、无劳动能力和无依无靠的老、弱、病、残、孤寡等社会成员提供国家福利服务,其主要方式是社会福利院、儿童福利院和社会福利性企业等福利性事业单位。另外,在城市单位为职工提供的职工福利以及面向城镇居民提供的价格补贴也属于社会福利的范畴。

20世纪50年代初,政府在农村掀起了合作化运动,相关的社会福利在高级社中体现明显,如初步建立了"五保"制度,对弱势社员(孕妇、老人、少年)的劳动保护,利用公益金举办文化福利事业等。1956年,"社会福利生产"概念得广泛认可,全国上下开始大力兴办集体福利事业,这一时期建立起的众多福利项目成为之后社会福利事业的重要基础,但同时,由于这种超前的福利事业脱离了当时中国的实际国情,严重影响了社会经济的发展。

"文化大革命"时期,社会福利事业改善人们生活状况和满足基本需要的功能被扭曲和政治化,举办福利事业及福利生产被认为是违背社会主义原则,当时许多福利事业和福利生产被合并或撤销,残疾人、孤残儿童、老年人乃至普通市民的生活状况普遍恶化,许多人的基本生活需要无法满足。

第二阶段:社会福利的恢复重建和发展(1977~1989年)。

"文化大革命"结束之后,各级社会福利工作组织体系重建,社会福利工作开始恢复和调整。1978年,重新设置民政部。1982年4月,民政部发布并实施《城市社会福利事业单位管理工作试行办法》,对城市福利院等的管理提出了相应的要求。1984年3月,中国残疾人福利基金会成立,这是中国残疾人福利事业走向社会化的重要起点。1986年,民政部制定新的五年规划(1986~1990年),明确提出了社会福利事业改革发展纲要。1987年,经国务院批准,中国社会福利有奖募捐委员会在北京成立。1988年3月,中国残疾人联合会成立,这是推动中国残疾人和残疾人福利事业发展的重要组织机构。

第三阶段:社会福利的规范、全面发展时期(1990年至今)。

20世纪90年代以后,有关福利事业的发展进入了一个新的阶段,其主要标志是相关立法进程加快,福利事业的管理引起了政府的重视。1990年10月28日,第七届全国人民代表大会常务委员会第十七次会议通过了《中华人民共和国残疾人保障法》;1992年4月3日,第七届全国人民代表大会第五次会议通过了《中华人民共和国妇女权益保障法》;1996年8月29日,第八届全国人民代表大会常务委员会第二十一次会议通过了《中华人民共和国老年人权益保障法》,这是中国有关老年人权益与相关福利事务的首次立法;1999年6月,第九届全国人民代表大会常务委员会第十次会议通过了《中华人民共和国捐赠法》,这是中国首次用法律的形式规范社会捐赠等。

21世纪以来,社会福利事业的发展主要表现在相关法律法规的完善和增加社会福利事业的投入。在法规的完善方面,如2008年4月通过了《中华人民共和国残疾人保障法》的修正案等;在社会福利事业的投入方面,主要表现为政府对福利事业投入的增多以及福利彩票发行额的大幅度上升。

3.5 城乡社会保障制度一体化的实践与演进

过去10年,我国社会保障体系建设进入快车道,城市和农村的社会保障制度建设都获得了突破性进展。十八大报告中提出:"整合城乡居民基本养老保险和基本医疗保险制度,实现基础养老金全国统筹,兼顾各类人员。"由于经济发展水平所限和各地发展程度的不均衡,我国不可能在短期内实现城乡社会保障制度的一体化。由于城乡居民的养老、医疗和最低生活保障制度存在很大的相似性,因此可以尝试从城乡居民的养老、医疗和最低生活保障这三项制度的一体化入手,再逐步过渡到城乡社会保障制度的一体化。

3.5.1 城乡居民养老保险制度一体化

21世纪以来,在我国的一些发达地区已经开始实行城乡一体化的基本养老保险制度,并均已获得初步成效。特别是党的十八大以来,越来越多的地方开始制订相关的政策,试行城乡居民养老保险制度,满足了参保人员的制度性需求,积累了丰富的经验,为未来全国养老保险一体化的实现奠定了坚实基础。

(1)湖北。

根据《中华人民共和国社会保险法》和《国务院关于开展新型农村社会养老保险试点的指导意见》、《国务院关于开展城镇居民社会养老保险试点的指导意见》精神,为建立健全统筹城乡的社会保障体系,湖北省人民政府决定将全省城镇居民社会养老保险制度和新型农村社会养老保险制度合并实施,并于2011年7月发布《湖北省人民政府关于实施城乡居民社会养老保险制度的意见》。湖北省的城乡居民养老保险制度主要内容包括:统一了城乡居民的缴费档次,允许各地根据实际增设缴费档次;统一享受政府补贴,叠加享受待遇,明确了参保人员已享受的农村五保供养、最低生活保障、社会优抚、农村计划生育奖励扶助等其他社会保障待遇不变;同时,还鼓励各地在国家和省的政策框架下探索激励政策。所有地区对重度残疾人都由政府按最低缴费标准全额代缴。

2011年7月1日起,湖北省103个县(市、区)中,有65个被分批纳入国家城乡居民社会养老保险试点。2012年7月1日起,其余38个全面启动城乡居民养老保险工作。2012年湖北省《政府工作报告》指出,已经在103个县(市、区)实施城乡居民社会养老保险制度,实现了全省全覆盖①。

(2) 广州。

2012年8月15日,广州市人社局召开新闻发布会,公布了《广州市城乡居民社会养老保险试行办法》,广州市城乡居民社会养老保险制度从2012年8月开始全面实施。城乡居保制度以"统筹城乡发展、制度平稳过渡"为原则,以新农保制度为政策框架,采取"新人新制度、老人老办法"的方式,将全市参加原城镇老年居民养老保险和原新农保的参保人统一并入城乡居保制度。据统计,本办法将使广州市236万城乡居民受惠,为此,政府每年需投入财政资金22亿元。

根据《试行办法》,城乡居民社会养老保险的参保人,个人缴费标准分为7个档次,最低为10元/月,集体经济可对参保人进行缴费补助,市、区(县级市)人民政府将根据参保人个人缴费和集体经济缴费补助给予相应补贴,也分为7个档次。各种缴费和补贴均计入参保人的个人账户,最高为310元/月。最终,参保人实际领取的养老金由基础养老金130元/月和个人账户计发共同构成,最高可达531元/月。广州市原城镇老年居民养老保险办法中没有将重度残疾人列入资助参保的范围,而原新农保办法中却将重度残疾人列入了资助参保范围。为体现政策在城镇和农村户籍居民间的公平性,本办法将资助特困群体参保的范围扩大统一为具有本市户籍的"五保"对象、重度残疾人、精神和智力残疾人、在享受最低生活保障或低收入困难待遇期间的人员。《试行办法》出台,整合了广州市的城镇老年居民养老保险和新型农村社会养老保险制度,形成统筹城乡的城乡居民社会养老保险制度,可彻底解决城乡居民的社会养老保障问题②。

3.5.2 城乡居民医疗保险制度一体化

我国基本医疗保险制度经过60多年的发展,在城镇和农村形成了两个相互独立又相互联系的层次,这两个层次包括了基本医疗保险的三种模式,即城镇职工基本医疗保险制度、城镇居民基本医疗保险制度和农村新型合作医疗保险制

---

① 湖北城乡居民社会养老保险制度实现全覆盖[N]. 2012-12-19,湖北日报. www.hubei.gov.cn.
② 广州城乡居保本月全面施行[N]. 南方日报,2012-8-16(A12).

度。这三种模式具有明显的城乡二元分割的特点,这种分割表现在这三种类型的医疗保险制度在参保对象、筹资方式、待遇水平和组织管理方面存在较大差距,这种差距与城乡居民享有基本医疗卫生服务的目标相背离,制度的公平性严重缺失。随着体制改革的深入和经济发展进程的加快,两个层次之间的坚冰正在逐步消融,二元结构一元化的演变已经开始。

2009年,国务院《关于深化医药卫生体制改革的意见》确立了"让人人享有基本医疗卫生服务,建立覆盖城乡居民的基本医疗卫生制度"的目标,并明确提出了"做好城镇职工基本医疗保险制度,城镇居民基本医疗保险制度,新农村合作医疗制度和城乡医疗救助制度之间的衔接"的基本要求。2012年,《国务院关于印发"十二五"期间深化医药卫生体制改革规划暨实施方案的通知》要求加快建立统筹城乡的基本医保管理体制,探索整合职工医保、城镇居民医保和新农合制度管理职能和经办资源。有条件的地区探索建立城乡统筹的居民基本医疗保险制度。

从全国范围看,开始着手探索城乡居民医疗保险一体化路径的地区有天津、重庆和宁夏3个省级行政区,成都、昆明、嘉兴等21个地级城市和103个县(区、市)。

(1)昆明。

昆明市人民政府于2011年5月印发了《昆明市城镇职工基本医疗保险城镇居民基本医疗保险和新型农村合作医疗实行一体化管理的意见》。截至2011年7月31日,昆明市各级新型农村合作医疗管理职能已移交人力资源和社会保障部门管理,并要求"积极探索统筹城乡基本医疗保险政策体系,建立城乡一体化医疗保障制度"。2012年8月21日,昆明市人民政府正式印发了《昆明市城乡居民基本医疗保险实施办法》,自2013年1月1日起,昆明市将开始实施城乡居民基本医疗保险,这标志着昆明市覆盖城乡居民的基本医疗保险体系框架基本形成,从制度上实现"人人享有基本医疗保障"的目标。

城乡居民基本医疗保险制度,将昆明市城镇居民基本医疗保险制度和新型农村合作医疗制度合二为一,进行制度整合,使城乡居民在医疗保障上实现"六个统一":统一政策、统一缴费、统一补助、统一待遇、统一系统、统一经办,全面实现了昆明市医疗保险"同城同保、同城同待"。与原城镇居民基本医疗保险、新型农村合作医疗相比,城乡居民医疗保险制度在个人缴费、财政补助、医疗保险待遇等方面都有所不同。

(2)重庆。

2007年重庆市成为国家统筹城乡综合配套改革试验区,改革的重点在于破除城乡二元经济社会体制束缚,构建城乡一体的新重庆。2007年重庆市出台了

《关于开展城乡居民医疗保险试点的指导意见》,并在江北等五区县试点。重庆市推广的城乡居民医疗保险制度运行情况大致如下:第一,参保对象。具有重庆市城乡户籍的农村居民和不属于城镇职工医疗保险覆盖范围的城镇居民均可自愿以家庭为单位在户籍关系所在地参保。第二,筹资情况。2008年制度运行之初,重庆居民以家庭为单位参加城乡居民合作医疗保险可自由选择两档筹资标准:一档筹资水平为每人每年50元,二档筹资水平为每人每年160元,财政针对不同群体制定了不同的补助政策。第三,补偿情况。调整参保居民住院起付线、提高参保居民住院封顶线、提高参保居民住院报销比例。第四,管理模式。城乡居民合作医疗实行区(县)统筹、属地管理,全市35个区(县)经办机构统一命名为城乡居民合作医疗保险管理中心。

(3)嘉兴。

2004年嘉兴市成为全国唯一的所有县(市、区)全部列为新型农村合作医疗试点县的地级市,2008年初又被卫生部列为新型农村合作医疗和城镇居民基本医疗保险制度相衔接的城乡居民合作医疗保险试点城市。根据嘉兴城乡差别不断缩小,业已成为我国推行城乡一体化先行之地和浙江省统筹城乡综合配套改革试点城市,在城乡基本医疗保障一体化的目标指引下,嘉兴没有单独建立城镇居民医疗保险制度,而是将其与新型农村合作医疗制度衔接为统一的城乡居民合作医疗保险制度。其主要做法是:第一,制度设计坚持城乡统一,即统一筹资标准,统一参保对象,统一起报线,统一封顶线,统一保障水平,统一统筹年度。第二,建立筹资动态增长机制,保障水平稳步提高。充分考虑各级财政、城乡居民承受能力和筹资机制的可持续发展要求,从2007年起到2010年,政府资助和个人出资标准比上一年增长20%的动态增长机制;2010年嘉兴市参保居民统一人均年筹资额300元,其中个人出资120元,各级政府补助180元;参保居民报销封顶线提高到8万元(大中小学生12万元),超过了农民人均收入的6倍。第三,政出一门,合作医疗安全高效运行。由于卫生部门对居民医疗需求比较了解,有利于科学制定合作医疗实施方案①。

在我国城乡一体化建设和加速城镇化工业化进程的大背景下,各地纷纷进行城乡一体化基本医疗保险制度实践有其必然性,制度建设的核心就是要打破参保人员的身份和职业设定,各群体不再因为身份和职业的不同而享受不同的医疗保险待遇,保证制度的公平性。但是我们也要看到,由于经济发展水平等条件所限,目前城乡医疗一体化的探索和实践所实现的只是一体化的初级阶段,或者仅走出了一体化的第一步,离真正的城乡医疗保险制度的一体化还有比较大的差

---

① 董黎明. 我国城乡基本医疗保险一体化研究[D]. 东北财经大学博士论文, 2011.

距。主要表现在以下几点:一是各地的城乡医疗保险一体化主要是城镇和农村居民的医疗保险制度的一体化,没有涉及城镇的职工、公务员和事业单位及农民工等群体;二是各地的城乡医疗保险一体化并没有真正实现制度完全统一。

3.5.3 城乡居民最低生活保障制度一体化

我国现行的最低生活保障制度存在城乡差异、地区差异等问题,这种二元的社会保障体系有悖于社会公平和公正,设置和固化了城乡壁垒,阻碍了社会阶层的流动。城乡居民最低生活保障制度一体化是从公平角度出发,维护民众享受社会救助的权利,是以人为本,落实科学发展观的重要途径。一些经济发达的地区早在20世纪末就开始探索城乡最低生活保障制度,随着我国经济发展水平的提高,越来越多的地区开始进行城乡低保一体化的尝试。下面以昆山为例加以说明。

近几年来,昆山市的社会救助尤其是最低生活保障制度发展迅速,基本上建立起了一个以城乡最低生活保障制度、农村五保供养制度为基础,以医疗、教育、就业、住房、法律等专项救助为辅助,以临时救助、社会帮扶、慈善互助为补充的覆盖城乡的社会救助体系。

昆山自1998年建立农村低保制度,制度建立以来随着经济的发展已经多次提高低保标准。2007年,昆山市的低保标准提高至城市居民每人每月320元,农村村民每人每月240元,在浙江省率先达到联合国规定的每人每天1美元的国际贫困线标准。

在2001年的《昆山市城镇居民最低生活保障制度实施办法》和2003年的《昆山市农村居民最低生活保障制度实施办法》的规范下,昆山市的城镇和低保工作进一步规范和完善。

2008年12月,昆山市出台了《昆山市居民最低生活保障制度实施办法》,自2009年1月1日起施行,昆山市的最低生活保障制度自此走上了城乡一体化的道路。该办法对最低生活保障的对象范围、申请和审批、待遇和资金来源等方面都做了明确的规定,低保的操作程序、低保认定标准、低保管理方式等不再有城市和农村的区别。2009年1月1日起,昆山市低保标准将统一提高到每人每月410元,比2008年的标准提高了60元。

为了进一步完善城乡居民最低生活保障制度,昆山市民政局、财政局、人力资源和社会保障局等联合发布《昆山市居民最低生活保障实施细则》,并于2013年7月1日起正式施行。《细则》从操作层面对现行城乡低保政策作进一步梳理、细化和完善,进一步完善城乡居民最低生活保障制度,提高基层低保工作规范化管理水平。根据新规,昆山市城乡低保标准由目前的590元/月调整至660元/月,从7月1日起实施,将惠及昆山市1.5万余困难人群①。

从以上城乡低保一体化的实践可以看出,我国传统城乡二元社会结构的发展带来的城乡经济、社会发展的不平衡,决定了我国在城乡差别彻底消除之前,城乡最低生活保障制度是不可能完全统一的。在现阶段一体化的低保制度,不是城乡完全统一、划一,而是基本原则、制度统一、标准各异,这样更符合现阶段我国的经济发展水平。随着未来我国经济发展水平的提高、国家在社会救助方面投入的增加以及其他社会保障制度的不断完善和发展,最低生活保障制度的城乡一体化必将不断推进。

---

① 昆山城乡低保涨至每月660元 [EB/OL] .2013 - 8 - 8. 苏州市政府信息公开网, http://www.zfxxgk.suzhou.gov.cn/.

4 城乡社会保障经济公平非均衡发展评估

在城乡分割的二元经济结构基础之上,虽然我国经济高速发展,但城乡经济发展严重不均衡,社会差距不断扩大,城乡居民收入比更是自 1983 年的 1.82 扩大至 2011 年的 3.13。对于具有公共属性且有增进国民福利、改善收入分配公平、促进和谐社会建设功能的社会保障来说,城镇几乎享受了社会保险、社会救助、公共医疗卫生等社会保障项目的全部,而农村传统合作医疗制度解体,社会保障制度长期缺位,使得原本脆弱的农村社会保障变得更加微乎其微,与不断增长的 GDP 相比,社会保障制度不仅没有克服原有制度的积弊,反而扩大了城乡二元社会收入差距,加重了社会保障资源分配的不公平性,社会各界呼吁改变社会财富快速积累与城乡社会保障差距扩大的矛盾状态,实现社会和谐发展。随着新型农村合作医疗制度、农村养老保险、城镇居民养老保险的不断设置,一个城乡统筹的社会保障体系基本形成。2012 年 6 月 14 日,《社会保障"十二五"规划纲要》中将"基本解决社会保障制度缺失,加快城乡社会保障统筹,稳步推进保障制度和管理服务一体化建设"作为规划内容。2012 年 7 月 11 日,《国家基本公共服务体系"十二五"规划》提出要逐步建立城乡一体化的基本公共服务制度,促进公共服务资源在城乡之间均衡配置,缩小基本公共服务水平差距。可以预见,未来城乡社会保障差距将进一步缩小,然而衡量分配是否正义不仅要看当下结果、目的和趋势,更要看其来路和历史演变过程(诺齐克[1],1974)。因此,系统评估社会保障社会化改革的城乡发展进程,确定城乡公平均衡的配置标准,防止发展的过和不及仍是我国"十二五"甚至更长时间内城乡公共资源配置的重要任务。同时对于我们科学的分析过去、认清现状、发展未来,确保城乡社会保障资源公平配置和可持续发展更具有重要的理论价值、实践意义和政策效应。

---

[1] 罗伯特·诺齐克. 无政府、国家与乌托邦 [M]. 姚大志译. 中国社会科学出版社,2008.

4.1 文献回顾与评述

对城乡社会保障经济不公平的研究焦点主要集中在三个方面：一是社会保障制度本身不公平。社保体系的城乡分割，制度碎片化（郑秉文①，2009），不能互相转移接续，不但妨碍劳动力流动，而且造成"撇奶油"现象，削弱了社会保险的共济功能（朱玲②，2010），城乡社会保障模式及其变迁依赖的制度路径不同（杨翠迎③，2005），且农村社保制度的长期缺失是更严重的不公平（信长星④，2008），急切需要弥补制度缺失，建立制度连接和项目协调性（郑功成⑤，2008；林闽钢⑥，2011），应坚持农村社会保障保险与福利相结合的发展模式（王延中⑦，2009）。二是社会保障制度覆盖面不公平。整体上绝大多数社会保险项目的覆盖率都在迅速提高，但农村居民和农民工的社会保险覆盖率依然很低（朱玲，2010）；城乡最低生活保障制度的覆盖面差异大，救助水平取决于地方财政能力和财政资源在不同用途的分配（Ravallion⑧，2009），城乡社会救助资源分配不公进一步强化甚至扩大了城乡差距，残缺的社会保障制度安排致使农民、流动人口被遗漏在安全网之外（郑功成，2008），城乡覆盖面差别明显巨大（中国发展研究基金会⑨，2009）。三是保障水平差距较大。社会保障水平的"横向熨平功能"缺失（郑秉文，2009），财政性社会保障支出存在着明显的城市偏向（徐倩、李放⑩，2012），城镇较高水平的社会保障以牺牲农村保障水平为代价

---

① 郑秉文. 中国社会保障制度60年：成就与教训 [J]. 中国人口科学, 2009 (5)：2-18.

② 朱玲. 中国社会保障体系的公平性与可持续性研究 [J]. 中国人口科学, 2010 (5)：2-12.

③ 杨翠迎. 中国社会保障制度的城乡差异及统筹改革思路 [J]. 浙江大学学报（人文社会科学版），2005 (4)：12-19.

④ 信长星. 关于就业、收入分配、社会保障制度改革中公平与效率问题的思考 [J]. 中国人口科学, 2008 (1)：2-9.

⑤ 郑功成. 中国社会保障30年 [M]. 北京：人民出版社，2008.

⑥ 林闽钢. 我国城乡社会保障体系协调发展战略研究 [J]. 苏州大学学报，2011 (5)：1-5.

⑦ 王延中. 中国社会保障制度改革发展的几个重大问题 [J]. 北京：中国工业经济，2009 (8)：17-25.

⑧ Ravallion, M., Decentralizing Eligibility for a Federal Antipoverty Program: A Case Study for China [J]. In the World Bank Economic Review, Vol. 23, 2009 (1)：1-30.

⑨ 中国发展研究基金会. 构建全民共享的发展型社会福利体系 [M]. 北京：中国发展出版社，2009.

⑩ 徐倩、李放. 我国财政社会保障支出的差异与结构：1998~2009年 [J]. 改革, 2012 (2)：47-52.

(申曙光、孙健，2009）。总之，由于我国长期实行城乡分割的社会管理体制，城乡社会保障制度、覆盖面和待遇水平等方面都存在巨大差别。因此，根据本书构建的不同准则层次、构成维度，且以目前统计指标体系框架下可计算结果的指标体系，评估1989～2010年城乡社会保障经济公平的非均衡发展关系、特征和规律性，为有效发挥公共财政对城乡社会保障的支持作用，科学配置城乡社会保障资源提出政策建议。

4.2 指标选择与数据说明

4.2.1 指标选择

根据系统学理论，由于城乡二元经济结构特征，在研究城乡社会保障过程系统时，社会保障被划分为城乡社会保障子系统，子系统之间形成系统关系，系统的目标是从整体上实现城乡子系统关系稳定，确保系统公平、均衡、可持续发展。以城乡社会保障经济公平为研究对象时选择5个维度的34个评估指标。其中在城乡子系统中，静态公平包括"起点公平→过程公平→结果公平"3个子维度，城乡评估指标定义如表4-1所示。

表4-1 城乡社会保障经济公平评估指标体系

维度	序号	指标名称	指标定义
起点公平	1	制度设立时间差异	城乡之间某项社会保障项目设立的初始年份差
	2	养老保险制度覆盖面	当年养老保险制度设计参保对象人数/当年就业人口数
	3	医疗保险制度覆盖面	当年医疗保险制度设计参保对象人数/当年总人口数
过程公平	4	养老保险实际覆盖面	当年养老保险实际参保人数/当年就业人口数
	5	医疗保险实际覆盖面	当年医疗保险实际参保对象人数/当年总人口数
	6	制度衔接性	养老保险关系在城乡之间的转移通道
	7	制度流动性	养老保险在省、市、县级之间的可转移层次
	8	制度统一性	养老保险基金在全国、省、市、县级的统筹调剂层次
	9	社会保障财政依存度	当年财政社会保障支出额/当年社会保障支出额

---

① 申曙光，孙健. 论社会保障发展中的七大关系——基于社会公平的视角 [J]. 学习与探索，2009 (4): 35-39.

续表

维度	序号	指标名称	指标定义
结果公平	10	社会保障水平	当年社会保障支出额/当年 GDP
	11	社会保障财政负担水平	当年财政社会保障支出额/当年财政收入
	12	社会保障财政支出水平	当年财政社会保障支出额/当年财政总支出额
	13	养老金领取人口比率	当年养老金领取人数/当年达到退休年龄人口数
动态公平	14	社会保障支出几何平均增长率	$\sqrt[n]{\prod_{t=1}^{n}\frac{x_t}{x_{t-1}}}-1$,$x_t$ 表示社会保障支出额,n 为研究时间区间
	15	社会保障支出增长率	(当年社会保障支出额-上年社会保障支出额)/上年社会保障支出额
	16	财政对社会保障发展的贡献率	(当年财政社保支出-上一年财政社保支出)/(当年社会保障支出总额-上年社会保障支出总额)
	17	财政对社会保障发展贡献的百分点	财政对社会保障发展的贡献率×社会保障支出增长率
适应性	18	经济适应性:社会保障支出弹性	社会保障支出增长率/GDP 增长率
	19	财政适应性:社会保障财政弹性	社会保障财政支出增长率/财政支出增长率
	20	收入适应性:社会保障收入弹性	人均社会保障支出增长率/人均可支配收入(农民人均纯收入)增长率
	21	消费适应性:社会保障消费弹性	人均社会保障支出增长率/人均消费支出增长率
	22	社会适应性:贫困救助能力	贫困线/人均消费支出
非均衡度量	23	社保—经济非平衡指数 I_1	$\sqrt{\sum_{i=1}^{n}\left[\frac{\sqrt{2}}{2}(y_i-x_i)\right]^2/n}$(计算方法见文中解释)
	24	财政社保—人口非均衡指数 I_2	计算公式同 I_1(计算方法见文中解释)
	25	城乡人均社保支出比 I_3	城镇人均社保支出:乡村人均可比社保支出(以乡村为"1")
	26	城乡人均财政社保支出比 I_4	城镇人均财政社保支出:乡村人均财政社保支出(以乡村为"1")
	27	集中度指数 D_1	城镇社会保障支出额/全国社会保障支出总额
	28	集中度指数 D_2	农村社会保障支出额/全国社会保障支出总额
	29	标准差 σ	$\sqrt{\sum_{i=1}^{n}(x_i-\bar{x})^2/n}$,$x_i$ 指分类个体值,$\bar{x}$ 指平均值,n 为个体数量
	30	变差系数 V_σ	$\sigma/\bar{x}$

续表

维度	序号	指标名称	指标定义
城乡均衡度量	31	城乡社保均衡参照指数	城镇GDP/农村GDP
	32	城乡均衡点偏离倍数 Us	$\dfrac{S_1/S_2}{Y_1/Y_2}$，S_1、S_2 和 Y_1、Y_2 分别对应城乡社会保障和城乡GDP
	33	城乡财政性社保均衡参照指数	城镇人口规模/农村人口规模
	34	城乡财政社保均衡偏离倍数	$\dfrac{FS_1/FS_2}{P_1/P_2}$，$FS_1$、$FS_2$ 和 P_1、P_2 对应城乡财政社保支出和人口规模

根据城乡区域的二元经济社会结构特征、社会保障设置项目和保障范围的差异性，对城乡社会保障经济公平评估指标定义作如下说明：

（1）对城乡养老保险制度、实际覆盖面和养老金领取人口比率指标的讨论，由于农村养老保险设置时间较短，城镇居民养老保险也是刚刚起步，基本是处于试点阶段，因此此处仅仅是作为必要的评估指标列出，但并不对其进行数据的实证分析。

（2）对城乡医疗保险制度和实际覆盖面的计算，由于应保范围的差异计算公式有所差别：城镇医疗保险制度覆盖面=（当年城镇职工人数+城镇私营企业和个体就业人数）/当年总人口数；农村医疗保险的制度覆盖面为全体居民，数据值为1。城镇医疗保险实际覆盖面=（当年城镇职工基本医疗保险参保人数+离退休参保人数+城镇居民医疗保险参保人数）/当年总人口数；农村医疗保险实际覆盖面=农村参保人口/农村总人口。

（3）城乡评估自1989年起，因此，城乡指标中的社保支出几何平均增长率 $=\sqrt[21]{\prod_{t=1990}^{2010}\dfrac{x_t}{x_{t-1}}}-1$，$x_t$ 表示社会保障当年支出额，x_{t-1} 表示社会保障上一年支出额。

（4）对于城乡社保—经济非均衡指数 I_1 计算中，式中下标 i 代表城乡，$y_i=y_i/\sum y_i$ 表示城乡区划中城乡社会保障支出额各占社会保障支出总额的比值，其中 $y_1=D_1$，$y_2=D_2$；x_i 为以城乡GDP作为参照变量，$x_i=x_i/\sum x_i$，表示城乡区划中城乡GDP分别占当年经济总量的比值。样本数 $n=2$，则此时指标反映的经济意义即指城乡的社会保障与经济财富之间是否匹配和非均衡程度。同上所述，对于城乡财政社保—人口非均衡指数指标 I_2 设计，由于财政性社会保障的公共属性，在基本公共服务均等化目标指引下，公共财政资金在城乡之间配置应大致符合城乡人口规模，此时 y_i 为城乡财政性社会保障支出额占社会保障总支出额的比值，x_i 为城乡人口占总人口规模的比值，$n=2$。此时指标反映的经济意义即指城乡财政性社会保障与人口规模之间是否匹配，反映基本公共服务均等化的非均衡程度。

（5）对于城乡社会保障支出范围，"农民"是作为一种身份还是职业的区分目前未有定论，因此农村是否应该设置工伤、失业、生育保险还值得探讨，但不管怎样，城镇居民毕竟享受着工伤、失业、生育保险的保障，而农村则没有，因此从整体的资金待遇上是存在差异的，因此本书城乡的比较并没有将城镇社会保险基金中的工伤、失业、生育保险基金支出扣除。

（6）在收入适应性指标计算中，城镇居民收入是指城镇人均可支配收入，农村居民收入指农民人均纯收入。

（7）非均衡的度量。对于指标 2~5、9~19 的城乡非均衡评估以标准差 σ 和变差系数 V_σ 度量；指标 1、6~8、20~22 则以城乡数据比较分析。其中标准差 σ 公式中 x_i 指城乡值，$\bar{x}$ 指平均值，$n=2$。

（8）城乡均衡指标度量。公平原则的核心思想是一个人的收益应该与他的贡献成比例（Deutsch[①], 1985; Hatfield、Traupmann、Sprecher、Utne & Hay[②], 1985）。劳勒（Edward E. Lawler, 1968）的工作公平感综合模型认为，人们比照自己应该所得的认识（A_1）与实际所得的认识（A_2）产生公平或不公平的感觉：当 $A_1 = A_2$ 时，当事人感到公平；当 $A_1 > A_2$ 时，当事人会因为觉得吃了亏而感到不公平；当 $A_1 < A_2$ 时，当事人可能会因为无功受禄而内疚，但这也属于不公平感的范围。约翰·斯塔希·亚当斯（John Stacey Adams, 1965）提出的公平感的函数关系表示为所得与贡献的比值（O/I），称作公平指数。以上研究成果可以作为一种判断准则延伸至经济社会中，根据城乡二元经济结构条件，将城镇和农村作为一个整体，即对应经济社会中的两组相对独立的社会"个体"，城乡 GDP 分别对应两组社会"个体"的经济贡献，社会保障资源即为对社会"个体"经济贡献的一种回报。用 S_1、S_2 和 Y_1、Y_2 分别对应城乡社会保障（所得）和 GDP（对经济社会做出的贡献），得到城乡公平函数关系：$\frac{S_1}{Y_1} = \frac{S_2}{Y_2}$，从而得到：$\frac{S_1}{S_2} = \frac{Y_1}{Y_2} \Rightarrow \frac{S_1/S_2}{Y_1/Y_2} = 1$。

---

① Deutsch, M. Distributive justice: A Social Psychological perspective [M]. New Haven, CT: Yale University Press, 1985.

② Hatfield et al. Equity and Intimate Relations: Recent Research. In W. Ickes (Ed) [J]. Compatible and Incompatible Relationships. New York: Springer Verlag, 1985: 91–118.

则令 $Us = \dfrac{S_1/S_2}{Y_1/Y_2}$,则 $\lambda = Y_1/Y_2 = \theta/Us$,表示城乡两组社会"个体"社会保障上应该的所得,是经济公平的均衡点,$\theta = S_1/S_2$ 表示现实的城乡社会保障比值,对于 $\forall \delta > 0$,$\theta \in [1-\delta]$,$[1+\delta]$,且 $\delta \to 0$ 时,$\theta \approx \lambda$,现实的城乡社会保障差距与均衡点近似相等,社会保障城乡经济公平,反之,城乡社会保障失衡,造成不公平状态。由此,Us 经济意义反映现实社会保障城乡差距偏离均衡状态的倍数。

根据基本公共服务均等化的要求,公共财政供给的社会保障支出部分应该是按照人口规模分配的,公式的推导与城乡均衡点偏离倍数 Us 类似,城乡财政性社保均衡点以城乡人口比值为参照。推导过程此处不再赘述。

4.2.2 研究期间说明

根据前文所述的社会保障概念及其发展进程,在 1986 年是社会保障概念使用的起点,是发展的转折点或者真正进入转型期的开始。一般来说,任何一项社会制度,从实施到纳入统计制度,再到建立统计制度规范并公布数据,均需要一定的时间,因此,结合数据统计的滞后性和可得性,在目前笔者掌握和可查找的统计资料范围内,选择社会保障公平非均衡发展进程评估数据起始年份为 1989~2010 年。

4.2.3 研究区域说明

新中国成立以来,我国对城乡划分标准做过多次调整,设立市镇标准的变动对统计能否准确地划分城乡有不容忽视的影响。自 1953 年底国家统计局提出了划分我国城乡标准的初步意见之后,国务院于 1955 年 9 月和 11 月先后作出了设置市镇建制的决定。但 1958 年"大跃进"以后,由于城市数量和城镇人口增加很多,加之有些城市邻区的范围不断扩大,致使全国城镇人口的数量和占全国总人口的比重猛增。1963 年 12 月,中共中央和国务院作出调整市镇建制、缩小城市郊区的指示,加之当时精减城镇人口和"文革"中的干部、知识青年、城镇居民上山下乡,使我国城镇人口的比重有所下降。改革开放以来,国务院于 1984 年、1986 年和 1993 年先后批转了民政部关于调整建镇标准、设市标准的报告。按照划分标准的本质差异可以 1984 年为分界点。1984 年以前,我国设立市镇采用的是"切块"方式,也就是将县城内经济最发达的地域与原管辖的乡镇分离设立市、镇。统计上可以根据建制市和镇的辖区行政界限确定城乡。1984 年之后,我国设立市和镇的方式变成了"整乡设镇"和"整县设市"。后一种方式确立的市镇地域中包含了大量的农村地区,无法根据市镇直接辖区的行政界线划分城乡。随着我国外部条件的变化,原来城乡管理区划面临挑战。为保证有关城乡分类统计数据的一致性，真实反映中国城镇化的发展进程。1999年12月6日国家统计局发布了《关于统计上划分城乡的规定（试行）》，2006年3月正式发布《关于统计上划分城乡的暂行规定》和《国家统计局统计上划分城乡工作管理办法》，并对《关于统计上划分城乡的暂行规定》作出说明。该规定并于2008年7月12日得到国务院批复（国函〔2008〕60号）。规定中定义城镇包括城区和镇区。城区包括城市公共设施、居住设施等连接到的其他居民委员会地域和村民委员会地域、街道办事处所辖的居民委员会地域。镇区包括镇的公共设施、居住设施等连接到村民委员会的地域、镇所辖的居民委员会地域、常住人口在3000人以上的独立工矿区、开发区、大专院校、科研单位、农场、林场等特殊区域。该规定中乡村是指划定的城镇以外的其他区域。本书在研究中一般按此城乡划分为依据，但在区分城乡GDP时会把县以下区域的乡镇企业纳入农村范围。

4.2.4 数据来源及说明

（1）GDP。为方便比较社会保障与经济增长的关系，同时根据上述城乡统计划分的规范要求，本书将第一产业增加值与乡镇企业增加值之和表示农村的GDP，反映农村社会的经济发展成果。城镇GDP以"全国总GDP－农村GDP"倒挤。

（2）财政性社会保障支出。财政性社会保障支出定义为"社会保障与就业支出（包括社会保障补助支出、抚恤和社会福利救济费、行政事业单位离退休经费三项内容)[①] ＋财政医疗卫生支出"。农村财政性社会保障支出＝农村社会救济支出＋财政农村医疗卫生支出[②]。城镇财政性社会保障支出倒挤。此处由于财政性社会保障的支出主要是对养老、医疗保障和社会救助等保障项目的补助，因此城乡财政性社会保障支出口径一致，符合可比性原则。

（3）社会保障总支出。根据本书前文对社会保障支出的定义，在对城乡区域之间社会保障研究时，通过在可利用的统计资料范围内比对统计口径后，根据可得、完整、可比性原则，界定"社会保障总支出[③]＝财政性社会保障支出＋预算外社会保障支出＋社会保险基金支出＋新农合基金支出－财政补贴社会保险基金支出[④]－财政补贴新农合基金支出"。其中，农村社会保障支出＝农村财政性社会保

---

① 2007年以后，我国对政府收支分类项目的设置情况进行改革，将"抚恤和社会福利救济费"、"行政事业单位的离退休费"、"社会保障补助支出"统一合并为"社会保障和就业支出"。2006年以前此三项分别统计列示，财政性社会保障支出口径的发展变化笔者在本书的第1.2节相关概念界定中有详细论述。

② 指财政用于农村医疗救助、新农合补贴、乡镇卫生院等项目的卫生投入。

③ 农村和城镇居民养老保险因统计的滞后性和未全面展开等原因暂未计入。旧农村养老保险制度已经停止，且属于个人完全积累模式，支出金额较小且缺乏数据，故未计入旧农村养老保险基金支出。

④ 1998年起财政开始对逐步建立的城镇职工和城镇居民的养老、医疗、失业保险等社会保障制度进行资金补助。

4 城乡社会保障经济公平非均衡发展评估

障支出+新农合基金支出-财政补贴新农合基金支出。农村新农合数据自2004年起计入。城镇社会保障支出以社会保障总支出扣除农村社会保障支出倒挤。

研究数据来源于《中国统计年鉴》①、《中国劳动统计年鉴》②、《中国卫生统计年鉴》③、《中国民政统计年鉴》④、《中国财政年鉴》⑤、《中国乡镇企业年鉴》⑥。所有货币单位数据以1989年为基期的全国平均、城镇、农村CPI平减。个别年份缺失的数据以数据平滑估算。

4.3 城乡非均衡发展实证分析

首先,根据表4-1中所选择的评价城乡社会保障经济公平非均衡发展的指标23~26的定义计算I_1、I_2、I_3、I_4、D_1、D_2,根据指标3、5计算城乡医疗保险制度覆盖面和实际覆盖面;然后,根据指标9~12、15~19的定义计算1989~2010年城乡对应指标值后,再根据指标公式29、30计算每一年各指标值的标准差σ与变差系数V_σ;之后再根据指标20~22计算对应城乡指标值;而指标1、14、31~34在后文分析中单独表述,所有指标的定义与计算方法见表4-1,计算结果如表4-2、表4-3和表4-4所示。

表4-2 城乡社会保障经济公平非均衡发展指标数据(一)

指标年份	非均衡指数				集中度指数		制度覆盖面		实际覆盖面		财政依存度	
	I_1	I_2	I_3	I_4	D_1	D_2	城镇	农村	城镇	农村	标准差	变差
1989	0.135	0.368	17.542	10.097	0.862	0.138	—	—	—	—	0.262	0.413
1990	0.147	0.364	18.922	10.115	0.868	0.132	—	—	—	—	0.289	0.485
1991	0.140	0.335	15.501	7.902	0.851	0.150	—	—	—	—	0.299	0.513
1992	0.138	0.339	21.347	7.832	0.893	0.107	—	—	—	—	0.403	0.926

---

① 国家统计局.中国统计年鉴[M].北京:中国统计出版社.
② 国家统计局人口和就业统计司,人力资源和社会保障部规划财务司.中国劳动统计年鉴[M].北京:中国统计出版社.
③ 国家卫生部.中国卫生统计年鉴[M].北京:中国协和医科大学出版社.
④ 国家民政部.中国民政统计年鉴[M].北京:中国统计出版社.
⑤ 国家财政部.中国财政年鉴[M].北京:中国财政杂志社.
⑥ 中国乡镇企业年鉴编辑组.中国乡镇企业年鉴[M].中国农业出版社;2007年起更名为《中国乡镇企业及农产品加工业年鉴》,由中国乡镇企业及农产品加工业年鉴编辑委员会编.

续表

指标\年份	非均衡指数 I_1	I_2	I_3	I_4	集中度指数 D_1	D_2	制度覆盖面 城镇	农村	实际覆盖面 城镇	农村	财政依存度 标准差	变差
1993	0.146	0.343	25.947	7.918	0.914	0.086	—	—	—	—	0.451	1.236
1994	0.162	0.335	26.469	7.374	0.919	0.082	—	—	—	—	0.470	1.395
1995	0.185	0.334	27.890	7.403	0.924	0.076	—	—	—	—	0.482	1.498
1996	0.214	0.334	26.875	7.423	0.927	0.073	—	—	—	—	0.476	1.444
1997	0.243	0.374	32.808	11.115	0.943	0.057	—	—	—	—	0.442	1.174
1998	0.256	0.369	31.834	10.970	0.945	0.055	0.7202	—	0.0451	—	0.439	1.153
1999	0.266	0.402	45.873	19.121	0.964	0.036	0.68	—	0.0472	—	0.398	0.908
2000	0.260	0.401	48.545	21.308	0.968	0.032	0.6334	—	0.0825	—	0.384	0.841
2001	0.247	0.389	41.469	19.152	0.965	0.035	0.6036	—	0.1516	—	0.367	0.764
2002	0.245	0.388	48.052	22.573	0.971	0.029	0.5983	—	0.1872	—	0.364	0.751
2003	0.230	0.367	37.782	16.681	0.965	0.035	0.6012	—	0.2081	—	0.381	0.828
2004	0.213	0.360	34.079	16.447	0.963	0.037	0.6078	1	0.2285	0.752	0.324	0.703
2005	0.214	0.340	29.229	12.817	0.959	0.041	0.6252	1	0.2452	0.7566	0.386	0.825
2006	0.208	0.317	22.194	9.561	0.948	0.052	0.6403	1	0.2726	0.8066	0.389	0.831
2007	0.175	0.291	18.672	7.211	0.941	0.059	0.6582	1	0.3035	0.862	0.416	0.969
2008	0.172	0.286	15.897	7.108	0.933	0.067	0.6703	1	0.3296	0.915	0.402	0.755
2009	0.186	0.273	12.648	6.380	0.919	0.081	1	1	0.6456	0.942	0.308	0.594
2010	0.171	0.254	11.351	5.912	0.921	0.079	1	1	0.6459	0.96	0.292	0.561

注：制度覆盖面和实际覆盖面的起始年份为该制度正式设立时间点。

表4-3 城乡社会保障经济公平非均衡发展指标数据（二）

指标\年份	社会保障水平 标准差	变差	财政负担水平 标准差	变差	财政支出水平 标准差	变差	社保增长率 标准差	变差	财政贡献率 标准差	变差	财政贡献百分点 标准差	变差
1989	0.009	0.458	0.022	0.564	0.021	0.564	—	—	—	—	—	—
1990	0.010	0.486	0.021	0.557	0.020	0.557	0.051	0.484	0.544	2.361	0.011	0.439
1991	0.009	0.456	0.019	0.487	0.018	0.487	0.115	1.330	0.509	1.171	0.149	3.959
1992	0.011	0.498	0.018	0.508	0.017	0.508	0.249	0.868	0.765	-9.311	0.028	-1.198
1993	0.012	0.541	0.017	0.529	0.016	0.529	0.154	1.067	0.792	-6.658	0.040	-2.307
1994	0.012	0.572	0.017	0.517	0.015	0.517	0.036	0.405	0.689	25.639	0.025	10.653

4 城乡社会保障经济公平非均衡发展评估

续表

指标 年份	社会保障水平		财政负担水平		财政支出水平		社保增长率		财政贡献率		财政贡献百分点	
	标准差	变差	标准差	变差	标准差	变差	标准差	变差	标准差	变差	标准差	变差
1995	0.013	0.614	0.018	0.526	0.016	0.526	0.052	0.683	0.628	5.619	0.004	0.455
1996	0.015	0.664	0.020	0.554	0.019	0.554	0.027	0.175	0.438	1.149	0.040	0.693
1997	0.020	0.730	0.033	0.697	0.031	0.697	0.204	0.693	0.328	0.611	0.107	0.679
1998	0.024	0.755	0.036	0.712	0.033	0.712	0.030	0.126	0.426	1.072	0.072	0.756
1999	0.033	0.788	0.060	0.834	0.052	0.834	0.344	0.781	0.305	0.536	0.209	0.836
2000	0.035	0.781	0.064	0.860	0.054	0.860	0.093	0.557	0.304	0.532	0.042	0.443
2001	0.037	0.757	0.066	0.853	0.057	0.853	0.082	0.417	0.282	0.468	0.137	1.160
2002	0.043	0.761	0.076	0.880	0.065	0.880	0.164	0.578	0.353	0.706	0.064	0.449
2003	0.040	0.733	0.067	0.849	0.059	0.849	0.150	1.631	0.570	2.895	0.202	11.164
2004	0.038	0.707	0.064	0.852	0.059	0.852	0.045	0.396	0.002	0.004	0.020	0.392
2005	0.039	0.703	0.062	0.822	0.057	0.822	0.087	0.563	0.598	1.165	0.209	2.651
2006	0.039	0.681	0.057	0.775	0.055	0.775	0.214	1.178	0.395	0.843	0.290	3.407
2007	0.033	0.624	0.043	0.721	0.044	0.721	0.106	0.895	0.649	6.249	0.184	14.956
2008	0.035	0.608	0.056	0.723	0.055	0.723	0.112	0.589	0.189	0.176	0.186	0.908
2009	0.040	0.610	0.060	0.704	0.054	0.704	0.175	0.684	0.140	0.303	0.151	1.273
2010	0.039	0.590	0.060	0.717	0.056	0.717	0.019	0.122	0.170	0.320	0.012	0.144

表4-4 城乡社会保障经济公平非均衡发展指标数据（三）

指标 年份	经济适应性		财政适应性		收入适应性		消费适应性		社会适应性	
	标准差	变差	标准差	变差	城镇	农村	城镇	农村	城镇	农村
1990	0.776	0.513	0.165	0.262	1.253	0.287	2.499	0.590	—	—
1991	0.575	0.831	1.789	1.757	0.193	25.889	0.169	6.547	—	—
1992	2.923	1.647	1.187	-1.133	2.921	-1.188	4.837	-4.213		
1993	1.141	1.141	0.229	-0.473	1.281	-2.256	1.396	-2.846		
1994	0.577	0.643	2.661	2.126	0.643	0.460	0.680	0.479		
1995	1.107	1.127	2.040	0.499	1.100	0.000	0.863	0.000		
1996	6.447	3.415	0.750	0.306	2.221	0.961	4.650	1.128		
1997	4.996	1.347	2.661	0.731	7.053	0.300	6.768	5.078		
1998	1.773	0.570	0.238	0.167	3.056	4.743	4.285	-31.571		
1999	4.473	0.790	2.110	0.767	4.234	-0.847	4.957	-4.577		
2000	0.831	0.509	0.648	0.598	1.744	2.481	1.510	0.849		

续表

指标 年份	经济适应性 标准差	经济适应性 变差	财政适应性 标准差	财政适应性 变差	收入适应性 城镇	收入适应性 农村	消费适应性 城镇	消费适应性 农村	社会适应性 城镇	社会适应性 农村
2001	2.740	1.361	0.217	0.152	1.641	7.972	2.534	9.738	—	—
2002	1.426	0.533	0.975	0.581	1.785	1.385	1.628	1.208	0.295	—
2003	2.648	3.326	1.891	5.299	0.484	7.667	0.622	7.632	0.275	—
2004	1.711	1.992	0.154	0.153	1.028	2.863	1.159	2.698	0.254	—
2005	0.518	0.436	1.037	1.028	1.162	3.504	1.263	2.051	0.236	—
2006	1.508	1.079	1.251	1.194	1.327	5.813	1.756	5.495	0.234	0.301
2007	2.469	4.407	1.026	6.823	0.671	3.005	0.817	3.521	0.219	0.261
2008	0.802	0.485	0.011	0.004	1.883	4.517	2.437	5.432	0.219	0.270
2009	1.890	0.694	0.268	0.275	2.135	6.068	2.081	5.522	0.223	0.303
2010	0.858	0.708	0.274	0.236	1.006	1.856	1.222	3.408	0.224	0.320

注：社会适应性指标由于数据可得性只能分别向前到达至2002年、2006年。

4.3.1 城乡社会保障整体上的非均衡状况

表4-2数据显示，城乡人均社会保障支出的σ值逐年扩大，V_σ值的基本趋势是平稳下降，说明城乡人均社会保障支出绝对差距变化，但偏离平均值的相对差距变小。不平衡指数I_1的发展趋势基本是逐年扩大，1999年达到最大后出现波动下降趋势，2007年后趋平稳，但2010年的数值依然大于1989年；I_2在1993年以前短暂小幅变大后，呈现平稳下降发展趋势。说明城乡社会保障资源与经济增长不匹配，虽然1999年后一直下降但状况并没有根本改变；而社会保障和人口规模变动趋势匹配度变好，说明城乡人口的流动趋势有利于社会保障均衡状态改变；但I_2的数值远大于I_1，显示了城乡社会保障资源与人口匹配度在变好的状态下仍然不及与经济增长的匹配度，充分显现出城乡社会保障与经济社会发展不同步，资源配置失衡。而集中度指数D_1逐年提高，2004年才开始稍微降低，D_2值逐年下降，2004年以后开始微弱上升，城乡集中度数值的巨大差异说明过往的社会保障发展过程中，城镇几乎享受了社会保障全部，农村社会保障一直被边缘化，导致城乡社会保障经济公平严重不均衡。

4.3.2 起点公平的非均衡发展

"基本善"是无限度的分配正义，必须被平均分配（罗尔斯[①], 1971），而社

---
① 约翰·罗尔斯. 正义论 [M]. 何怀宏等译. 北京：中国社会科学出版社，2003.

会保障中的起点公平是指社会保障制度在准入资格上公平，是一种权利分配，属基本范畴。我国《宪法》第四十五条规定"中华人民共和国公民在年老、疾病或者丧失劳动能力的情况下，有从国家和社会获得物质帮助的权利。国家发展为公民享受这些权利所需要的社会保险、社会救济和医疗卫生事业。"宪法目前权利对每一个公民都是平等的。从我国城乡居民社会保障权利获得的时间点（见表4-5）看，农村社会保障项目长期缺失，城乡起点公平失衡。尽管世界上许多国家城乡社会保障项目设立时间存有差异，如德国医疗保险城乡设立时间分别为1883年和1887年，日本为1927年和1961年；德国养老保险城乡设立时间分别为1889年和1957年，日本为1941年和1971年。但毕竟时过境迁，国家所面临的文明程度、经济社会背景、老龄化等一系列社会问题大相径庭，尤其在二元经济结构本身就欠公平的基础上，权利分配失衡应尽早矫正，有时候公平甚至可以直接等同于起点公平①。从医疗保险制度覆盖面看，自数据可得的1998年起，制度覆盖面均在0.60以上，按照《国务院关于开展城镇居民基本医疗保险试点的指导意见》（国发〔2007〕20号）文要求，2010年实现全覆盖；农村则根据卫农卫发〔2006〕13号文目标，2008年实现全覆盖。因此，从制度建立到全面覆盖的发展过程看，农村经历时间区间短，效率优于城镇。

表4-5 城乡社会保障保障项目设立时间点

保障项目	城镇法规设立与时间	农村法规设立与时间	时间差
养老保险	《国务院关于企业职工养老保险制度改革的决定》（国发〔1991〕33号）	《国务院关于开展新型农村社会养老保险试点的指导意见》（国发〔2009〕32号）	18年
医疗保险	《劳动部关于职工医疗保险制度改革试点意见的通知》（劳部发〔1993〕263号）	2003年《关于建立新型农村合作医疗制度的意见》（国办发〔2003〕3号）	10年
失业保险	1986年国务院颁布《国营企业职工待业保险暂行规定》	无	—
工伤保险	1996年发布《企业职工工伤保险条例》，2003年颁布《工伤保险条例》	无	—
生育保险	1988年《女职工劳动保护规定》，1994年《企业职工生育保险试行办法》	无	—
社会救助	《国务院关于在全国建立城市居民最低生活保障制度的通知》（国发〔1997〕29号）	2007年《国务院关于在全国建立农村最低生活保障制度的通知》（〔2007〕19号）	10年

---

① 世界银行.2006世界发展报告［R］.北京：清华大学出版社，2006.

续表

保障项目	城镇法规设立与时间	农村法规设立与时间	时间差
社会优抚	1998年实行《军人抚恤条例》，2004年发布新条例	1998年实行《军人抚恤条例》，2004年发布新条例	0年

注：①制度设立时间比较均以"社会保障"产生之后（1986年）为起点考察；
②农村养老保险时间以新型社会化养老保险为起点，因为之前农村社会养老保险由个人积累，本质上并不是社会化养老保险制度。
资料来源：笔者根据前劳动部、劳动和社会保障部、现人力资源和社会保障部历年相关文件法规整理形成。

4.3.3 过程公平的非均衡发展

某一利益分配经过了一个公平的过程，那么分配结果就应该被认为是公平的，即使它是不平等的（诺齐克①，1974）。过程公平是在社会保障制度已经涵盖群体后的发展状态，是结果公平的基础。从医疗保险实际覆盖面看，城镇自1998年的0.045逐步提高至2010年的0.646；农村医疗保险从2004年的0.752快速提高至2010年的0.96，说明农村医疗保障虽然起步晚但却短时间内实现全民共享。在指标的勾稽关系上，"实际覆盖面/制度覆盖面=k"反映推进力度，$k \to 1$则说明推进力度强，2010年城镇$k=0.646$，农村$k=0.96$显示了城镇推进力度不够，可能是由于城镇制度强制力或者制度本身存在问题，未能使城镇居民快速进入医疗保障体系。社会保障财政依存度反映社会保障资源累计过程中的财政支持份额，说明社会保障发展对财政的依赖程度。表4-2数据中财政依存度σ值在1992~1998年较高的时间段后开始下降，V_σ值则经过1996年以前的迅速上升后开始在波动中下行，但至2010年城乡财政依存度差距仍然很大，主要原因是城镇"投保—资助"型社会保障模式决定了财政依存度最高的1989年为0.576，而农村财政依存度始终在1或者接近1的状态，这主要源于2004年以前农村制度缺失，仅有的社会救助和医疗卫生投入由财政完全负担，2004年以后多数年份财政补贴新农合支出大于基金支出，这种状况保障了农村社会保障的过程公平，但社会保障的个人责任也应重视。目前，城镇养老保险流动性在省级，统一性在市级；农村流动性和统一性均在县级，差距明显。且城乡养老保险衔接无明确规范的制度，对城乡劳动力合理流动形成一定阻碍，不利于人力资本的提高和经济可持续发展。

---

① 罗伯特·诺齐克. 无政府、国家与乌托邦 [M]. 姚大志译. 北京：中国社会科学出版社，2008.

4.3.4 结果公平的非均衡发展

结果公平是社会保障过程系统经过起点与过程后形成的最终有效输出。如表4-3数据,社会保障水平 σ 值逐年增加,2007年出现下降,V_σ 值 2003 年开始下降但数值较大,指标值差距最大的 2002 年城镇是农村的 20 倍,充分说明社会保障资源分别占城乡经济规模总量的比例差异明显,社会保障在城乡经济运行中的地位严重不公平。社会保障财政负担水平反映的是财政收入负担社会保障费用的风险水平,社会保障财政支出水平则是反映政府公共支出中用于社会保障份额的大小,说明政府安排公共支出对社会保障的重视程度。此两个指标的 σ 和 V_σ 值变化趋势一致,数值逐年增加,2002 年后出现微弱下降,2008 年又变大,说明城乡财政性社会保障支出不均衡程度在扩大,政府对城乡居民公共服务承担的供给责任差异大。2010 年社会保障财政负担水平城乡分别为 0.144、0.024,财政支出水平分别为 0.133、0.022,显示了公共资金明显的农村歧视性,"中性"原则缺失,有悖于基本公共服务的均等化发展。

4.3.5 发展速度的城乡非均衡分析

社会保障支出增长率反映一定时期社会保障发展水平的变化程度;几何平均增长率说明某时间期间增长的平均水平。财政贡献率和贡献的百分点表示在社会保障发展进程中财政支持因素作用大小的程度。表 4-3 数据中反映动态公平的 3 个指标 σ 和 V_σ 值变化均缺乏规律性,这与我国社会保障处于制度建立完善导致投入高速增长且不规范相一致,也反映出目前缺乏完备的社会保障财政预算制度,财政投入的制度约束力缺失,随意性、灵活性较大,常规性、法制性和可持续性不足,健全的社会保障财政预算机制需要加强。根据指标 14,1989~2010年社会保障支出几何平均增长率为 0.168,城镇 0.180,农村 0.112;若以 2004年新农合实施划分阶段,1989~2003 年全国几何平均增长 0.185,城镇 0.191,农村 0.762;2004~2010 年全国几何平均增长 0.176,城镇 0.169,农村 0.329;分阶段增长速度的特征与制度建立变化吻合,起点公平改善产生城乡非均衡状态趋缓,需要注意的是城镇社会保障起点基础较大,而农村则属于低起点上的较快增长①。

4.3.6 适应性的非均衡状态

社会保障的适应性反映的是与所处外界环境的均衡协调性,与经济和财政增

---

① OECD 研究报告. 中国公共支出面临挑战——通往更有效和公平之路 [M]. 北京:清华大学出版社,2006.

长的适应是其发展的源泉和可持续的保证,同时避免过度依赖产生不协调;而社会保障与收入、消费的适应是社会保障满足公民基本需求的目标所在。若以 η 来表示这种适应关系,数据特征为:①$\eta \leqslant 0$ 时,表明城乡社会保障与对应变量反向变动或零增量;②$0 < \eta < 1$ 时,城乡社会保障增速小于对应变量增速;③$\eta = 1$ 时,表明城乡社会保障与适应变量同步增长,适应关系良好;④$\eta > 1$ 时,城乡社会保障增速超越对应变量增速,除起步快速发展阶段外该情况下一般属增长过度状态。从社会发展理性分配角度看,一般认为均衡的适应状态是数据值以"1"为邻域的小范围区间,其他区间均为不适应性或较差状态。社会适应性反映的是贫困救助能力,是社会保障对社会底层群体兜底功能的显现。如表 4-4 数据,1996 年社会保障支出弹性 σ 值最大为 6.447①,1994 年、1997 年财政支出弹性 σ 值最大为 2.661,两指标的 σ 和 V_σ 值变化规律均不明显。进一步分析指标值,1990~2010 年城镇弹性系数远高于农村,整体上城镇社会保障与对应变量契合性较好,农村基本不适应,投入随意无规划,可持续性不强。从收入和消费适应性看,城镇较好,农村自 2004 年后开始趋好,这与前述新农合制度实施年份吻合,而个别年份的负弹性值主要是收入、消费变化所致。社会适应性数据显示了城乡贫困救助能力均不高②,但农村却是高于城镇的,且城乡救助能力水平距离人均可支配收入 30%~35% 的适度水平③均相差较远。

4.3.7 城乡均衡的标准分析

从社会保障发展进程中考察城乡社会保障和财政性社会保障投入的差距(见表 4-6),在起步阶段,"社会化"的社会保障制度作为国有企业产权制度改革的附属制度在城镇施行,城乡之间的差距并不会也不可能太大,但伴随着改革的推进,城镇社会保障覆盖范围扩大,而农村社会保障不论是从制度上还是投入上一直变化不大。为解决经济体制改革初期城镇面临社会保障问题与矛盾较多的现实,社会保障资源过度向城镇转移,忽视了农村社会保障的发展,尤其是在 1997 年之后,社会保障城乡差距迅速扩大,现实的城乡社会保障总额比值 $\theta > > \lambda$ (均衡点)。随着经济持续发展和农村年轻劳动力的流出,农村社会所积累的养老、医疗等问题日益突出,从而引起政府对农村社会保障的重视和解决,2004 年农村新型农村合作医疗制度开始试点运行,城乡社会保障的差距才逐步或快速

---

① 从世界各国社会保障发展规律看,在社会保障发展起步期发展速度会比较快,产生不适应状态属正常范畴。

② 笔者认为衡量贫困救助能力用贫困线和人均消费支出比重表示较为合理,目前学界多用与人均可支配收入比重表示,该比重会因不同群体、区域消费者的消费倾向差异造成一定不确定性。

③ 郑功成. 中国社会保障改革与发展战略——理念、目标与行动方案 [M]. 北京:人民出版社,2008.

缩小，随着 2007 年新型农村合作医疗制度覆盖范围全面实施，国家对农村医疗保险的投入必然显著增加，现实的城乡社会保障总额差距下降至 6 倍以下，尽管差距显著降低，但差不多恢复到 1989~1991 年的水平。

表 4-6 现实的城乡社会保障、财政性社会保障支出比值

指标＼年份	1989	1990	1991	1992	1993	1994	1995	1996	1997	1998	1999
城乡社保总额比	6.231	6.791	5.716	8.081	10.086	10.556	11.414	11.783	15.375	15.929	24.462
城乡财政社保比	3.586	3.630	2.914	2.965	3.078	2.941	3.030	3.254	5.209	5.489	10.196
指标＼年份	2000	2001	2002	2003	2004	2005	2006	2007	2008	2009	2010
城乡社保总额比	27.568	25.051	30.838	25.749	24.436	22.041	17.367	15.240	13.370	11.033	11.328
城乡财政社保比	12.100	11.570	14.487	11.368	11.793	9.665	7.482	5.886	5.978	5.565	5.900

考察城乡社会保障的均衡点，自改革开放以来，我国城乡经济水平均取得长足发展，如图 4-1 所示，1989~2010 年，反映城乡社会财富比值的城乡社会保障均衡指数（λ）相对稳定；伴随着城镇化率的提高，城乡财政性社会保障均衡指数逐渐接近 1。然而，社会财富增长并不必然产生福利水平的提高，财政性社会保障支出并未偏好于占人口多数的农村，城乡社会保障的两个均衡偏离倍数均呈现一种倒 U 型发展趋势（见图 4-2），社会保障整体偏离倍数最高的 2000 年、2002 年达到 20 倍，财政性社会保障偏离倍数最高的 2002 年达到 22.6 倍，2004 年以后才有了快速回落。尤其 2007 年新型农村合作医疗制度覆盖范围迅速扩大以后，国家对农村各种社会保障支持力度加大，城乡社会保障均衡偏离倍数 θ/λ 降到低点，差距扩大的趋势得到有效抑制。但从 2010 年两个偏离倍数仍在 5 以上来看，农村社会保障改进的"有效空间"仍然较大。

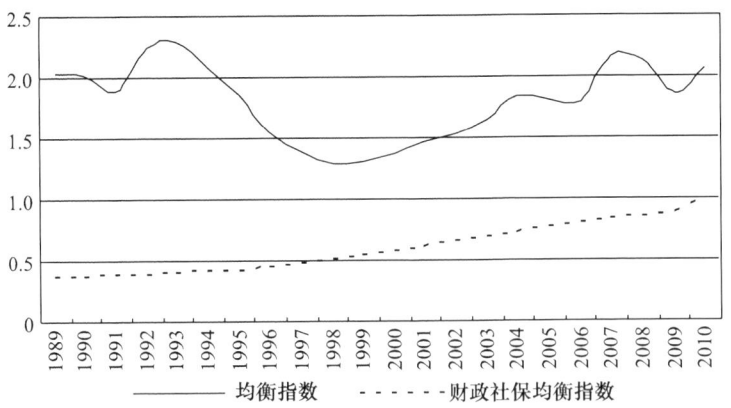

图4-1 城乡社会保障均衡指数（1989~2010年）

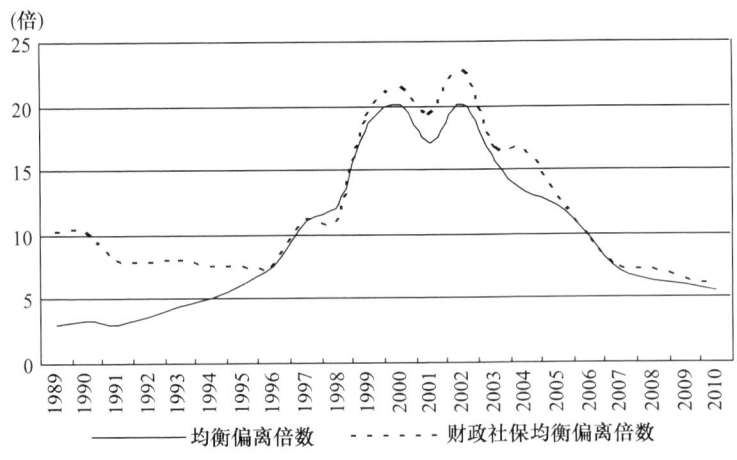

图4-2 城乡社会保障均衡偏离倍数（1989~2010年）

根据巴罗和萨拉·伊·马丁[①]（Barro R.，Sala-I-Martin X.，1995）提出的 β 趋同效应和 δ 趋同效应指的是各经济主体之间相互作用产生的一种缩小趋势。与此趋同效应相类似，从以上城乡社会保障发展路径和趋势看，城乡二元的经济社会结构产生了二元的社会保障系统，但城乡社会保障系统的二元结构在演化过程中相互影响，存在相同或相近的适应性学习机制，使得城乡主体的二元性缓慢改变。每一次相同或相近的适应学习后就会产生一次趋同，然后更高层次的

---

① Barro R., Sala-I-Martin X. Economic Growth [M]. New York: McGraw-Hill, 1995.

趋同将会涌现，因而随着时间进程"趋同效应"相应产生。伴随着农村养老保险、医疗保险制度的建立及实际覆盖面的提高，城乡社会保障制度将不断整合，待遇差距将进一步缩小，但能否回归到城乡均衡状态还需看未来社会保障制度的完善状况、推进速度和力度。

4.4 结　论

根据以上的分析得出城乡社会保障经济公平结论如下：

（1）城乡社会保障整体上看，城乡人均社会保障支出额绝对差距变大，相对差距变小。城乡社会保障资源与经济增长不匹配，与人口规模变动匹配度好转但仍然不及与经济增长的匹配度。城乡社会保障资源相对向城镇集中，农村社会保障曾一度被边缘化，城乡社会保障与经济社会发展不同步，资源配置有一定失衡，但有均衡发展趋向。

（2）静态公平方面，农村医疗保险制度覆盖面（起点公平之一指标）、实际覆盖面（过程公平之一指标）好于城镇，除此以外的所有指标呈现出对农村居民的公平失衡状态，尤其是结果公平中表现出的社会保障在城乡经济运行中的地位严重不公平，城乡财政性社会保障支出不均衡程度在扩大，政府对城乡居民公共服务承担的供给责任差异大，公共资金对农村具有歧视性。

（3）动态公平方面，城乡发展缺乏规律性，发展速度差异较大，随着制度的变化调整有阶段性特征，财政支持社会保障缺乏完备的社会保障财政预算制度，随意性、灵活性较大，常规性、法制性和可持续性不足。城镇社会保障与经济、财政、收入和消费等经济变量适应性较好，农村适应性较差，投入随意无规划，可持续性不强。社会适应性方面农村好于城镇，但救助能力水平均需提高。

（4）城乡均衡的标准方面，城乡社会保障均衡指数相对稳定、城乡财政性社会保障均衡指数稳步提高，城乡社会保障、财政性社会保障均衡偏离倍数均呈现一种倒U型发展趋势，差距扩大的趋势得到有效抑制的同时，农村社会保障改进的"有效空间"仍然较大。

5 省际社会保障经济公平非均衡发展评估

经过30多年的改革开放和经济高速发展，2011年我国国内生产总值达到47.16万亿元，公共财政收入10.37万亿元，按照世界银行最新发布数据和国别收入四组分组标准，我国2011年人均国民收入4930美元，进入世界中等偏上收入国家行列。在社会财富不断增加的基础上，具有公共属性且有增进国民福利、改善收入分配公平、促进和谐社会建设功能的社会保障制度快速发展，成效显著。但国家的非均衡发展战略和各地区的自然禀赋、经济基础、社会条件差异造成省际经济发展不均衡问题突出，也决定了省际社会保障发展的不均衡问题凸显，本质上是公共资源配置的横向经济不公平，而实现经济公平区域均衡是现代社会保障的基础理念和目标归宿之一。因此，如何在保持经济快速发展的同时确保省际社会保障均衡发展和分配公平是我国"十二五"甚至更长时间内面临的重要任务。本章选择评估指标体系中的23个指标度测度评估2001~2010年中国31个省市和东、中、西部社会保障经济公平的非均衡发展状态，并对31个省市的社会保障经济公平发展状态聚类分析。

5.1 文献回顾与评述

梳理省际社会保障支出研究的相关文献，林治芬[①]（2002）以社会保障支出占GDP的比重、财政补助社会保障支出占财政支出比重、社会保障财政支出占财政支出的比重、养老社会保险基金收支比例及缺口、替代率、抚养比率等指标分析了2000年社会保障支出的地区差异。李珍、曹清华[②]（2007）研究了2003

---

① 林治芬. 中国社会保障的地区差异及其转移支付 [J]. 财政研究, 2002 (5): 37-43.
② 李珍, 曹清华. 社会保障转移支付中的结构失衡和区域差异研究 [J]. 宁夏大学学报（人文社会科学版）, 2007 (3): 137-140.

年、2005年财政性社会保障在转移支付中的结构失衡和区域差异,并对社会保障转移支付制度提出建议。彭海艳①(2007)采用GE指数分解法及GINI系数分解法,分析了1998~2004年社会保障财政支出的地区差异。柯卉兵②(2009)对1995~2005年的社会保障财政负担、财政人均支出以及财政支出水平的地区差异归纳描述,并对比分析财政性社会保障与各地区之间的经济发展水平和财政能力差异的关系。徐倩、李放③(2012)采用人均财政社会保障支出和社会保障支出占公共财政比例等两项指标的极值比、变异系数分析1998~2009年财政性社会保障支出的城乡、地区及结构差异。

综上可知,目前国内对省际社会保障发展不均衡的研究成果较少,已有成果多是以财政性社会保障支出为对象的研究,从整体视域内量化社会保障经济公平的省际非均衡发展研究不足;已有研究的评价指标维度稍显单薄,构建全面、多维、不同准则层次的评估指标体系欠缺;且对非均衡程度的度量缺少静态与动态的结合,系统性不够。基于此,本书尝试在系统学整体思想方法的基础上,从不同的准则层次、构成维度及相互联系出发,静态与动态结合,构建以目前中国统计指标体系框架下能够完备计算出结果的省际社会保障经济公平评价指标体系,度量社会保障省际层面的非均衡关系和特征,揭示发展规律,提出省际均衡发展的控制措施和预警建议。

5.2 指标选择与数据说明

5.2.1 指标选择

本书把研究和处理的对象"社会保障"整体作为一个复杂系统空间,省际系统空间属同一个层次,包含相对独立又相互关联的31个子系统④,子系统两两之间形成系统关系,系统的目标则是从整体上实现系统关系公平发展,以对系统均衡形成支撑,并在系统目标归宿下分析系统与环境的关系和规律。省际指标选择注意到以下几点:

---

① 彭海艳. 我国社会保障支出的地区差异分析[J]. 财经研究, 2007(6): 90-100.
② 柯卉兵. 中国社会保障财政支出的地区差异问题分析[J]. 公共管理学报, 2009(1): 55-63.
③ 徐倩,李放. 我国财政社会保障支出的差异与结构: 1998~2009年[J]. 改革, 2012(2): 47-52.
④ 此处指内陆31省份,台湾地区、香港地区和澳门地区各有其相对独立的社会保障制度。

（1）省际层面的起点是公平的。在省际层面，社会保障系统的公平控制只包括"过程（中间积累）公平→结果（待遇）公平"两阶段控制。因为社会保障制度可以区分为整体制度和局部制度。整体制度是各省统一的制度。局部制度是指制度推行之初，处于稳健性和可持续性的考虑先在部分省市试点，积累经验后再推行整体制度的制度。局部制度引起的短期起点不公平可以视为公平发展的必要成本或必经阶段，再考虑省际层面社会保障制度的统一性，决定了省际层面起点的公平性，因此省际起点公平无须评估，无指标对比。

（2）对于过程公平中的养老保险制度统一性、流动性和衔接性指标，属于纵向比较指标，省际比较是横向评估，因此此处没有选择。

（3）对于省际适应性的指标选择，由于省际层面全体居民的人均可支配收入水平和消费水平数据缺失，因而省际层面适应性比较指标仅选择经济适应性、财政适应性和社会适应性三项。

（4）鉴于目前笔者视野范围内没有找到度量省际社会保障经济公平均衡发展的理论与方法，因此本书尚没有触及省际均衡发展标准的评估指标。

基于以上四点，选择省际社会保障经济公平非均衡发展比较评估指标涉及 5 个维度 24 个指标，如表 5-1 所示。

表 5-1　社会保障经济公平省际非均衡发展比较指标体系

维度	序号	指标名称	指标定义
过程公平	1	养老保险实际覆盖面	当年养老保险实际参保人数/当年就业人口数
	2	医疗保险实际覆盖面	当年医疗保险实际参保对象人数/当年总人口数
	3	社会保障财政依存度	当年财政社会保障支出额/当年社会保障支出额
结果公平	4	社会保障水平	当年社会保障支出额/当年 GDP
	5	社会保障财政负担水平	当年财政社会保障支出额/当年财政收入
	6	社会保障财政支出水平	当年财政社会保障支出额/当年财政总支出额
	7	养老金领取人口比率	当年养老金领取人数/当年达到退休年龄人口数
动态公平	8	社会保障支出几何平均增长率	$\sqrt[n]{\prod_{t=1}^{n}\frac{x_t}{x_{t-1}}}-1$，$x_i$ 表示社会保障支出额，n 为研究时间区间
	9	社会保障支出增长率	（当年社会保障支出额 - 上年社会保障支出额）/上年社会保障支出额
	10	财政对社会保障发展的贡献率	（当年财政社保支出 - 上一年财政社保支出）/（当年社会保障支出总额 - 上年社会保障支出总额）
	11	财政对社会保障发展贡献的百分点	财政对社会保障发展的贡献率 × 社会保障支出增长率

续表

维度	序号	指标名称	指标定义
适应性	12	经济适应性：社会保障支出弹性	社会保障支出增长率/GDP增长率
	13	财政适应性：社会保障财政弹性	社会保障财政支出增长率/财政支出增长率
	14	社会适应性：贫困救助能力	贫困线/人均消费支出
非均衡度量	15	社保—经济非平衡指数 I_1	$\sqrt{\sum_{i=1}^{n}\left[\frac{\sqrt{2}}{2}(y_i - x_i)\right]^2 / n}$（计算方法见文中解释）
	16	财政社保—人口非均衡指数 I_2	计算公式同 I_1（计算方法见文中解释）
	17	东、中、西部人均社保支出比 I_5	东部人均社保支出:中部人均社保支出:1（以西部为"1"）
	18	东、中、西部人均财政社保支出比 I_6	东部人均财政社保支出:中部人均财政社保支出:1（以西部为"1"）
	19	集中度指数 D_5	社会保障支出额全国排名前5位省之和/全国社会保障支出总额
	20	集中度指数 D_{10}	社会保障支出额全国排名前10位省之和/全国社会保障支出总额
	21	极值系数 P_5	人均社会保障支出排名前5位省市区平均值/人均社会保障支出排名后5位省市区平均值
	22	极值系数 P_5'	人均财政性社会保障支出排名前5位省市区平均值/人均财政性社会保障支出排名后5位省市区平均值
	23	标准差 σ	$\sqrt{\sum_{i=1}^{n}(x_i - \bar{x})^2 / n}$，$x_i$ 指分类个体值，$\bar{x}$ 指平均值，n 为个体数量
	24	变差系数 V_σ	$\sigma / \bar{x}$

注：养老金领取人口比率在计算中，由于男女退休年龄，干部和工人退休年龄不一致，且年鉴数据中非人口普查数据仅列出65岁以上老年人口数量，因而在计算中以"领取养老人口数/65岁以上老年人数量"来大致反映该指标的变化趋势。

根据省际的相同层次横向比较和被选择指标的特征，对省际社会保障经济公平评估指标定义作如下说明：

（1）省际评估自2001年起始，因此，指标8社保支出几何平均增长率 = $\sqrt[9]{\prod_{t=2002}^{2010} \frac{x_t}{x_{t-1}}} - 1$，$x_t$ 表示社会保障当年支出额，x_{t-1} 表示社会保障上一年支出额。

（2）省际非均衡发展指标 I_1 是以各省经济发展水平为参照变量度量省际社

会保障的不均衡程度，式中下标 i 代表省市区，此时的 $y_i = y_i/\sum y_i$，对应各省社会保障支出额占全国的比重；$x_i = x_i/\sum x_i$ 对应各省 GDP 占全国的比重；$n = 31$，经济意义指社会保障支出额与经济发展水平的不均衡程度。而对省际非均衡发展指标 I_2 将 I_1 公式中 x_i 改变对应为各省人口数占全国的比重，同样 $n = 31$，构造以人口规模为参照变量的社保—人口不均衡指数，反映的经济意义是社会保障支出与各省人口规模的不均衡程度。

（3）对于表中指标 1~7 和指标 9~14 的省际非均衡评估，则以标准差 σ 和变差系数 V_σ 来度量。其中标准差 σ 公式中 x_i 指各省值，$\bar{x}$ 指全国平均值，$n = 31$。

5.2.2 研究期间、区域说明

（1）研究期间。前文中定义社会保障概念是以 1986 年为起点，但我国 31 省（市、区）级社会保障统计年鉴中关于社会保障统计指标的起始年份和完备性差异较大，以可得性、可比性、一致性为原则，本书选择 2001~2010 年为研究期间。

（2）区域划分。1986 年全国人大六届四次会议通过的"七五"计划中首次正式对东、中、西部划分，1997 年全国人大八届五次会议设重庆市为直辖市，并划入西部地区。2000 年国家制定的在西部大开发中享受优惠政策的范围又增加了内蒙古和广西。目前东、中、西部地区分别包括 11 个、8 个、12 个省级行政区，本书将分别从省际和东、中、西三大地带的角度研究。其中东部地区包括辽、京、冀、津、鲁、苏、浙、沪、闽、粤、琼，中部地区包括黑、吉、晋、豫、鄂、湘、赣、皖，西部地区包括渝、陕、甘、青、内蒙古、宁、新、川、桂、滇、黔、藏。

5.2.3 数据及来源说明

（1）财政性社会保障支出。等于"社会保障和就业支出①（包括社会保障补助支出、抚恤和社会福利救济费、行政事业单位离退休费）+ 财政医疗卫生支出②"之和。

（2）社会保障总支出。根据本书 1.2 节中对社会保障支出范围定义，笔者在

---

① 2007 年以后，我国对政府收支分类项目的设置情况进行改革，将"抚恤和社会福利救济费"、"行政事业单位的离退休费"、"社会保障补助支出"统一合并为"社会保障和就业支出"。2006 年以前此 3 项分别统计列示。省级统计年鉴中同样做对应调整。

② 包括医疗卫生管理事务支出、医疗服务支出、医疗保障支出、疾病预防控制支出、卫生监督支出、妇幼保健支出、农村卫生支出等。

可利用的统计资料范围内，考虑省级社会保障支出数据的可得性，比对统计口径后，界定省级社会保障总支出＝财政性社会保障支出＋社会保险基金支出①＋新农合基金支出。与城乡社会保障支出口径略有不同，原因在于省级数据中财政补充社会保险基金、补充新农合基金支出数据无法获取，同时该项支出主要由中央财政承担，因此省际评估以该范围定义社会保障支出。

（3）各省市区参加养老（医疗）保险人数。养老保险参保人数＝参加基本养老保险人数－离退休人数。医疗保险参保人数＝城镇在岗职工基本医疗保险参保人数＋离退休参保人数＋城镇居民医疗保险参保人数＋新农合参保人数②。

（4）各省市区领取养老金人口数和当年达到退休年龄人口数。领取养老金人口数＝各省离休人数＋退休人数。对于当年达到退休年龄人口数，各类统计年鉴数据均未有60岁以上人口数据，只有65岁以上人口数，因此暂以65岁以上老年人口数替代，65岁以上老年人口数＝各省总人口数×65岁以上人口比率，其中65岁以上人口比率除2010年以人口普查数为准以外，其他年份以全国人口变动情况抽样调查样本数据计算的比率。

本书数据来源于《中国统计年鉴》（2002～2011）③、《中国劳动统计年鉴》（2002～2011）④、《中国卫生统计年鉴》（2002～2011）⑤、《中国民政统计年鉴》（2004～2011）⑥ 和各省级《统计年鉴》（2002～2011）⑦。同时为避免全国总量数据与31个省份数据之和不一致，且使各省份占比之和等于1，则全国数据采用31省份数据之和。本书使用所有货币单位的数据中，全国总和数据和东、中、西三大地带数据以全国平均的CPI指数平减、各省数据分别以31个省份CPI平减后使用，基期为2001年。

---

① 多数省份未直接列出，本书根据"五险"基金支出加总而得，2009年试行的农村居民养老保险由于统计的滞后性，基金收支数据暂未列入。

② 为使各省新农合数据可比，根据《卫生部、财政部关于做好2007年新型农村合作医疗工作的通知》（卫农卫发〔2007〕82号）要求，2007年是新农合制度全面推进的一年，因此自2007年加入新农合参保人数。

③ 国家统计局. 中国统计年鉴［M］. 北京：中国统计出版社.

④ 国家统计局人口和就业统计司，人力资源和社会保障部规划财务司. 中国劳动统计年鉴［M］. 北京：中国统计出版社.

⑤ 国家卫生部. 中国卫生统计年鉴［M］. 北京：中国协和医科大学出版社.

⑥ 国家民政部. 中国民政统计年鉴［M］. 北京：中国统计出版社.

⑦ 分别由全国31个省、市、自治区（除港、澳、台地区）统计局出版发行。

5.3 省际非均衡发展实证分析

根据表 5-1 中所选择评价省际社会保障经济公平非均衡发展的指标 1~7、9~14 定义分别计算出 2001~2010 年 31 个省份对应指标值后，再根据指标公式 23、24 计算各年 31 个省份社会保障支出绝对额和各指标值的标准差 σ 和变差系数 V_σ；然后根据指标 15、16、19~22 的定义计算 I_1、I_2、D_5、D_{10}、P_5、P'_5；指标 8 为几何平均值单独计算使用，反映东、中、西部差距的指标 17、18 在后文中计算使用，所有指标定义和计算公式见表 5-1，计算结果如表 5-2 所示。

表 5-2 省际非均衡发展指标数据

年份 指标名称	2001	2002	2003	2004	2005	2006	2007	2008	2009	2010
社保支出绝对额										
标准差	81.953	96.654	118.136	135.785	161.226	203.629	269.592	339.731	418.442	490.910
变差系数	0.622	0.581	0.609	0.606	0.601	0.610	0.570	0.559	0.535	0.540
非均衡指数										
I_1	0.010	0.010	0.011	0.011	0.011	0.012	0.011	0.011	0.011	0.011
I_2	0.011	0.011	0.011	0.011	0.011	0.011	0.010	0.010	0.009	0.008
集中度指数										
D_5	0.334	0.321	0.328	0.330	0.328	0.325	0.310	0.307	0.302	0.305
D_{10}	0.556	0.542	0.548	0.548	0.548	0.558	0.543	0.538	0.533	0.538
极值系数										
P_5	6.500	6.066	6.446	6.365	5.881	5.583	4.898	4.611	4.225	4.189
P'_5	4.611	4.891	4.767	4.908	4.507	4.804	3.883	3.660	3.276	3.367
养保实际覆盖面										
标准差	0.124	0.120	0.117	0.109	0.118	0.126	0.128	0.135	0.140	0.154
变差系数	0.782	0.743	0.698	0.634	0.647	0.654	0.635	0.622	0.584	0.596
医保实际覆盖面										
标准差	0.070	0.080	0.081	0.097	0.103	0.155	0.076	0.086	0.086	0.086
变差系数	1.222	1.073	0.953	0.992	0.945	1.232	0.105	0.100	0.092	0.090
财政依存度										
标准差	0.148	0.151	0.148	0.134	0.137	0.115	0.107	0.114	0.129	0.130

续表

指标名称 \ 年份	2001	2002	2003	2004	2005	2006	2007	2008	2009	2010
变差系数	0.386	0.396	0.375	0.340	0.343	0.279	0.222	0.234	0.266	0.273
社会保障水平										
标准差	0.020	0.023	0.023	0.021	0.022	0.023	0.028	0.030	0.037	0.041
变差系数	0.537	0.544	0.521	0.514	0.521	0.505	0.530	0.526	0.559	0.628
财政负担水平										
标准差	0.286	0.357	0.342	0.320	0.313	0.294	0.351	0.361	0.398	0.443
变差系数	1.414	1.549	1.421	1.385	1.408	1.259	1.174	1.128	1.102	1.340
财政支出水平										
标准差	0.033	0.039	0.039	0.037	0.038	0.034	0.041	0.038	0.039	0.043
变差系数	0.264	0.294	0.273	0.273	0.283	0.234	0.219	0.204	0.202	0.237
养老金领取率										
标准差	0.286	0.311	0.297	0.270	0.322	0.251	0.259	0.261	0.273	0.285
变差系数	0.750	0.781	0.734	0.639	0.739	0.645	0.640	0.618	0.605	0.589
社保增长率										
标准差	—	0.102	0.107	0.095	0.066	0.093	0.187	0.059	0.121	0.082
变差系数	—	0.373	0.699	0.853	0.372	0.410	0.531	0.278	0.409	0.650
财政贡献率										
标准差	—	0.203	0.294	0.666	0.250	0.344	0.154	0.198	0.251	0.441
变差系数	—	0.542	0.602	1.790	0.575	0.718	0.229	0.382	0.521	1.122
财政贡献百分点										
标准差	—	0.100	0.077	0.056	0.052	0.087	0.132	0.060	0.090	0.089
变差系数	—	0.978	1.030	1.357	0.679	0.800	0.559	0.545	0.629	1.788
经济适应性										
标准差	—	1.090	0.837	0.626	0.464	0.749	1.380	0.557	10.603	0.472
变差系数	—	0.479	0.774	0.891	0.422	0.493	0.553	0.323	4.315	0.592
财政适应性										
标准差	—	1.132	3.729	4.567	0.463	1.835	1.816	0.396	0.484	0.493
变差系数	—	0.763	2.263	6.408	0.478	1.298	0.674	0.400	0.405	0.930
社会适应性										
标准差	—	—	0.054	0.042	0.040	0.044	0.046	0.049	0.054	0.050
变差系数	—	—	0.207	0.165	0.168	0.189	0.211	0.223	0.240	0.221

注：根据省级数据可得性，社会适应性指标计算只能向前到达2003年。

5.3.1 省际社会保障支出整体非均衡评估

表 5-2 数据显示，社会保障支出绝对额标准差一直保持递增，但不能完全说明社会保障支出额的省际差异在扩大，因为伴随着经济增长各省社会保障支出规模在不断扩大；且变差系数 V_σ 显示出阶段平稳微减小特征：2001～2006 年以 0.6 为邻域窄距波动，2007～2010 年有所下降。以 GDP 为参照变量的不平衡指数 I_1 的趋势基本是逐年扩大，2009～2010 年略有下降；以人口规模为参照变量的 I_2 2001～2006 年相对平稳，2007～2010 年有所下降。I_1 的变化趋势说明省际社会保障支出占全国比重与省际经济规模占全国比重距离在扩大，经济发展趋势与社会保障发展趋势变化不十分一致，而 I_2 的变化趋势说明社会保障与省际人口规模变化趋势有一定吻合，同时也说明人口的流动能够促进省际不均衡程度缩小，有一定积极意义。集中度指数反映部分省市支配社会保障资源规模的相对程度，D_5 的值整体上是缩小趋势，2001 年最高，2002～2004 年变大，2005 年起逐年变小；D_{10} 值是 2001 年和 2006 年较高，2002～2006 年趋势在变大，2007 年起逐年变小；从数值大小看，10 个省市支出规模占比最小年份也在 53.34%，说明社会保障支出额的集中程度高，但 D_5 和 D_{10} 值从 2001 年到 2010 年整体趋向上看基本上是递减的。极值系数 P_5 和 P'_5 反映的是人均社会保障支出和人均财政性社会保障支出的两极差距大小状态，指标值显现一种缩小趋势。因此，以上数据显示省际社会保障绝对额差异在缩小，不均衡状态有所改变，但绝对额的不均衡程度依然较大，与经济发展的匹配程度需要改变。

5.3.2 过程公平的非均衡评估

覆盖面①反映社会保障制度公共属性的全民共享程度，从表 5-2 数据看，养老保险实际覆盖面 σ 值有阶段性特征，2001～2004 年减小后增加，且增加阶段大于减小阶段；V_σ 值整体看趋势是下降的，说明养老保险实际覆盖面省际绝对差异大但分散程度减小。医疗保险实际覆盖面② σ 值同样也有阶段性，2001～2006 年逐年上升，2007 年显著下降，2008 年又微弱上升后进入平稳期，V_σ 则是先下降，至 2006 年突然变异到最大，然后又逐年变小，这种变化和各地新农合推进速度大小的时间点相吻合。实际覆盖面的变化趋势反映了我国社会保障制度推进迅速，全民共享程度提高，过程公平状况向好。社会保障财政依存度反映社

---

① 区分为制度覆盖面和实际覆盖面，制度覆盖面是制度推出要求覆盖对象占应该涵盖对象的比重，是起点公平范畴，因省层面起点公平则制度覆盖面不需讨论。
② 此处数据计算个别省份参加基本医疗保险人数和新农合人数相加大于全省总人口数，可能是重复参保或者人口流动等原因所致，指标设计本身并无问题，因此将个别指标值大于 1 的省市统一调整为 1。

会保障支出总规模中的财政支出份额,说明社会保障发展对财政的依赖程度,指标 σ 值特征是 2001~2007 年在波动中下降,2008 年开始上升,变差系数显示了同样的变化规律,说明随着农村、城镇居民医疗合作制度的推行,各省的推进速度和财政的支持力度差异明显。笔者计算 2001~2010 年社会保障财政依存度 10 年平均值降序排列(可参见图 5-1),发现前 8 位依次为西藏、辽宁、青海、云南、贵州、江西、甘肃、广西,除辽宁①外都集中在中、西部地区,指标数值均在 0.537 以上,西藏达到 0.772;后 8 位依次是广东、山东、浙江、天津、北京、江苏、福建、上海,都集中在东部地区,数值小于 0.368,这进一步显示了社会保障发展过程中全民共享程度普遍得到提高,同时财政依存度显著不均衡,部分省市过高的财政依赖有悖于"投保资助"的社会保障发展模式,形成明显与经济发展的负相关关系。

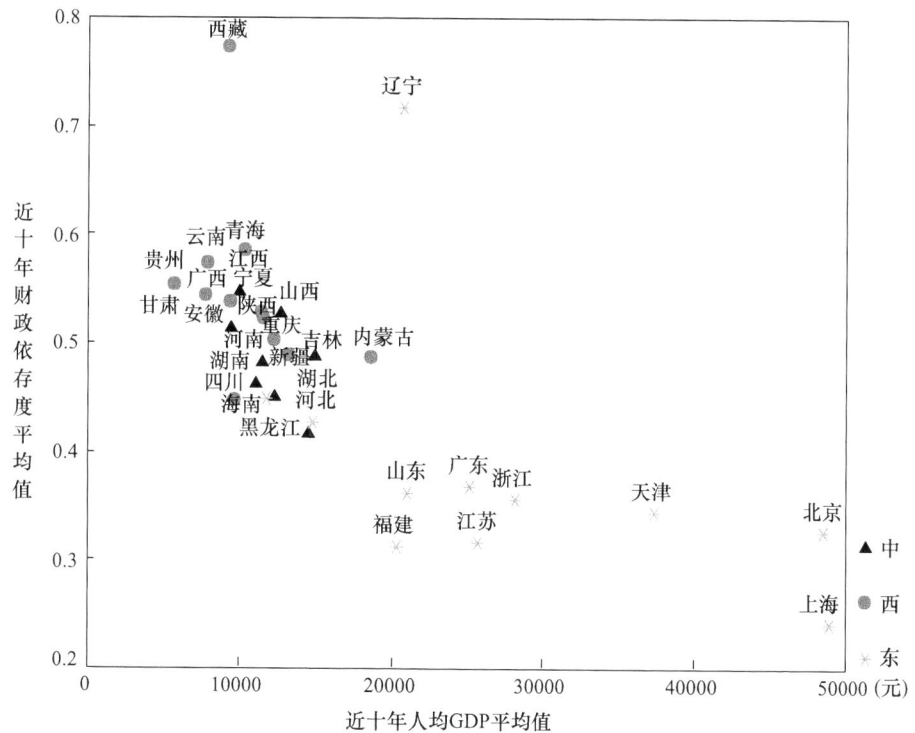

图 5-1 社会保障财政依存度与 GDP 关系

---

① 2001 年,辽宁作为国务院选定的唯一一个在全国范围内进行完善城镇社会保障体系试点的省份,财政补助社会保障程度较高,属于东部省市的特例,不具有代表性。

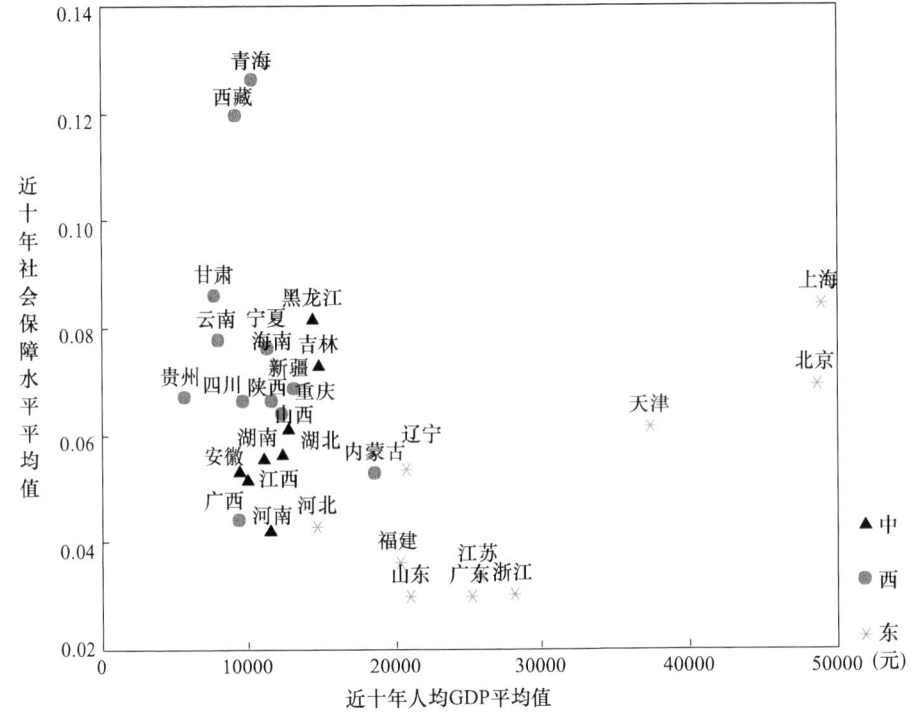

图 5-2 社会保障水平与 GDP 关系

5.3.3 结果公平的非均衡评估

社会保障水平是国际通用指标,按照 Cobb - Douglas 生产函数设定,测度社会保障资源占经济规模总量的比例关系,反映社会保障在国民经济运行中的地位与作用,表示一定期间内社会成员总量上享受社会保障的高低程度。表 5-2 数据中社会保障水平自 2002 年起 σ 和 V_σ 值均呈现先降后升的特征,但整体上是上升趋势,说明各省社会保障支出水平不均衡程度在扩大,从近十年的社会保障水平平均值看(可参见图 5-2),最高的青海(0.126)是最低的广州(0.030)的 3.2 倍,尽管前述分析社会保障省际绝对差距在缓慢缩小,但各省社会保障匹配自身经济发展相对差距在扩大,省际社会成员之间总量上享受社会保障资源的差距较大。社会保障财政负担水平反映财政收入负担社会保障费用的风险水平,指标的 σ 值先降后升,V_σ 值呈现波动状态,反映了各省财政负担社会保障的风险能力比较分散,差异大且有上升趋势。而社会保障财政支出水平表示政府公共支出中用于社会保障份额的大小,反映政府安排财政支出对社会保障的重视程度,是政府调节收入分配的重要手段,指标的 σ 值在 2002~2005 年相对平稳,2006

年下降后又略有上升，V_σ值基本呈下降趋势，反映了社会保障在各省级安排财政支出时的地位受到越来越多重视，如2001~2010年均财政支出水平（可参见图5-3）最高的山东达到0.303，最低的广东也有0.105，但这种最高水平是最低水平的1.89倍差距也说明省际相对差距还是很大的。而养老金领取人口比率反映了退出劳动力后的老年群体被养老保险覆盖程度，大致说明老年人通过养老金收入维持生活的保障范围。指标的σ值呈现波动状态，V_σ值的趋势逐步下降当数值较高，反映了各省养老金领取人口比率分布不均衡，存在相当老年人口的保障程度需要提高。

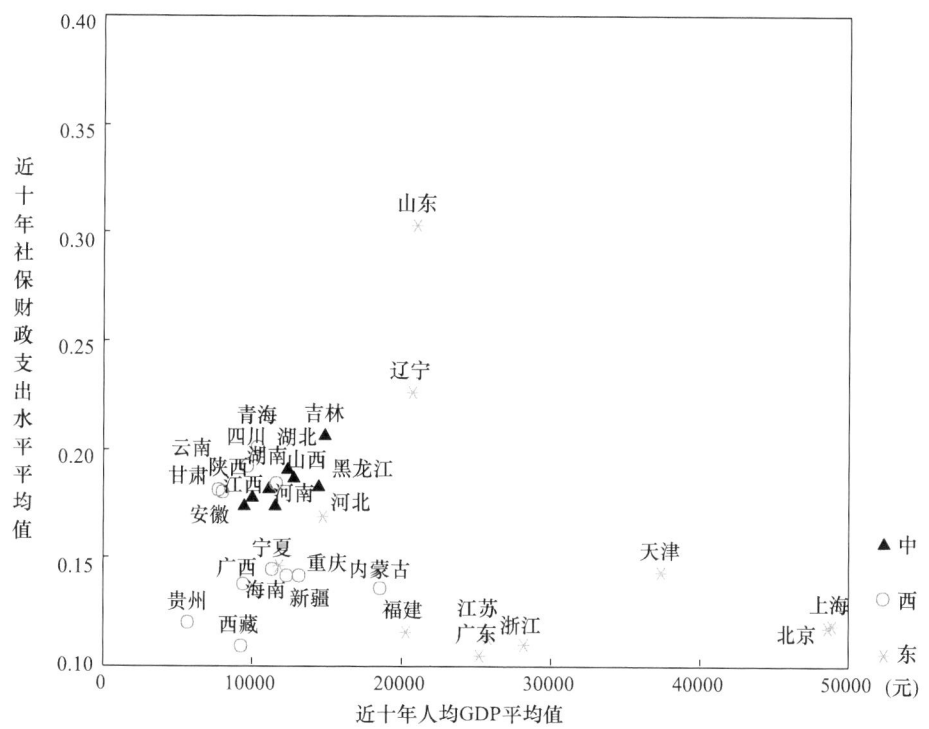

图5-3 社会保障财政支出水平与GDP关系

5.3.4 发展速度的非均衡评估

社会保障几何平均增长率说明社会保障总量在某时间期间增长的平均水平，增长率反映的是相邻周期内社会保障发展水平的变化程度，财政贡献率和贡献的百分点表示在社会保障发展进程中财政支持因素作用大小的程度。表5-2数据反映社会保障动态公平的3项指标的 σ 和 V_σ 值变化均缺乏明显规律性，说明社会保障各省增长差异大，不具稳定性，这与我国社会保障正处于制度不断建立完善、投入不断增长的高速发展进程相契合，但也说明我国社会保障财政预算制度缺失状态下，财政投入社会保障随意性、灵活性大，常规性、法制性和可持续性不足，健全的社会保障财政预算制度需要加强。而根据指标7计算2001～2010年各省社会保障支出的几何平均增长率（见图5-4）最高的辽宁为0.286，最低的上海为0.164，全国几何平均增长率为0.212，17个省市值大于平均值，充分反映了起步成长阶段省际社会保障高速和不均衡的发展状态。

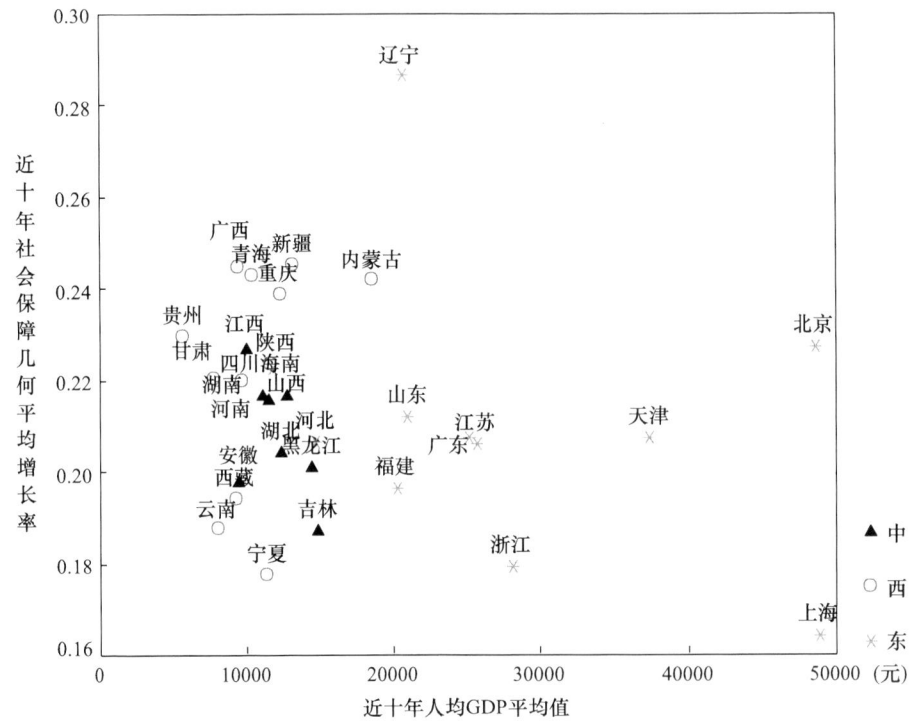

图5-4 社会保障几何平均增长率与 GDP 关系

5.3.5 适应性状态的非均衡评估

社会保障的适应性反映的是与所处外界环境的均衡协调，与经济和财政环境的适应是系统发展的源泉，但财富增长并不必然产生福利水平的提高，因而这种适应性是社会保障可持续发展的保证。若以 η 表示社会保障与经济、财政适应性指标值，则数据特征为：①$\eta \leq 0$ 时，表明各省社会保障与相关变量反向变动或零增量；②$0 < \eta < 1$ 时，两变量正相关，但社会保障增速小于相关变量增速；③$\eta = 1$ 时，表明发展同步增长；④$\eta > 1$ 时，表明社会保障增速超越相关变量增速，除起步快速发展阶段外该情况一般属增长过度状态。从社会经济发展理性分配角度看，一般认为均衡的适应状态应该是指标值以"1"为邻域的窄幅区间，其他区间均为适应性较差状态。如表 5-2 数据，经济、财政的适应性值 σ 和 V_σ 值变化无规律，2009 年社会保障支出弹性 σ 值最大①为 10.603，2004 年财政支出弹性 σ 值最大为 4.567，显著偏离均衡的适应状态，也说明省际财政、经济适应性差异大，对比前述动态不公平的指标数据特征，更说明整体上和各省对社会保障的发展均缺乏中长期规划，只顾及短期投入，发展不规则，没有形成经济、财政的良好适应状态。而社会适应性反映了社会保障的贫困救助能力，是社会保障适应社会文明的根基，联合国千年发展目标的第一个方面即消灭极端贫穷和饥饿②，表 5-2 数据显示社会适应性 σ 值和 V_σ 值稳定，说明各省贫困救助能力的发展均衡，差异不大。

5.4 省际非均衡发展的聚类分析

选用 2001~2010 年 31 个省市社会保障几何平均增长率和财政依存度、社会保障水平、财政支出水平、财政对社会保障发展贡献率、财政对社会保障发展贡献百分点等指标的 10 年算术平均数作为聚类变量，采用 Hierarchical 层次聚类（Ward's Method，Squared Euclidean Distance）方法。聚类结果如表 5-3 所示。

上述聚类结果基本上与上述省际差异的分析结论一致，社会保障发展特征与经济发展特征有一定相近性。类别 1 中 16 个省市包括了全部的中部省份和少部分东、西部省份，说明多数省份的社会保障发展特征相近。类别 2 的省市都处于东部沿海地区，而类别 3 全部是西部省份，这样的聚类结果与中国的现实情况基本相符。这里把辽宁和浙江单独列出，因为辽宁的指标明显偏高，而浙江的指标明显偏低，与其他省份显示出明显差异。

---

① 从世界各国社会保障发展规律看，在社会保障发展起步期发展速度会比较快，产生不适应状态属正常范畴。

② 联合国千年发展目标在 2000 年 9 月召开的联合国大会由联合国全体 191 个成员国一致通过，并在联合国首脑会议上由 189 个国家签署《联合国千年宣言》，正式做出承诺。

表5-3 2001~2010年31个省市区社会保障发展聚类分析结果

类别	省、市、区
1	山西、陕西、安徽、江西、河南、湖北、湖南、四川、重庆、新疆、内蒙古、海南、广西、河北、黑龙江、吉林
2	江苏、福建、北京、天津、广东、上海、山东
3	云南、宁夏、贵州、甘肃、青海、西藏
4	辽宁
5	浙江

为进一步证实社会保障与经济发展的关系,描述各省社会保障几何平均增长率和财政依存度、社会保障水平、财政支出水平10年均值与人均GDP 10年均值相关关系见图5-1~图5-4,显示了多数经济发展水平一般的省市各指标值较高,而多数经济发达省市指标值较低。而理论和各国经验数据均表明,此几项指标在一定限定值内越高则居民享受社会保障水平越高[1],再结合表5-4中东、中、西部人均社会保障比(I_5)、人均财政性社会保障比(I_6)数据,显然是理论与我国现实相左,相关原因大概是:①经济发达地区就业正规,加上就业人口迁移却因退保未能随迁的基金留存,社会保障基金充盈、收支规范稳定,自给自供程度高,社会保障对财政依赖程度低;②发达省市政府对社会保障的主动重视程度不够,没有在国家出台的保障标准之上正视自身发达的基础条件,以高于一般标准来执行,未能在经济高速发展带来财富积累的基础上惠及更多人群和更多福利,社会保障尤其是灵活就业群体和农村投入不足;③发达地区对经济欠发达地区存在社会保障的"责任转嫁",经济水平对劳动力的拉力产生青年劳动力东部流入,中、西部流出,支持并促就了东部经济高速增长,由于种种客观上和体制上的原因大部分转移劳动力年龄偏大后回流,加上社会保障制度流动性不足,中、西部社会保障责任"被转嫁",且这种责任转嫁反作用于欠发达省市的经济发展,会在一定程度上制约欠发达地区经济活力的释放,这也是国家极力推进社会保障基金全国统筹的非常重要原因之一;④中央财政对欠发达省市转移支付较大,且这种转移支付却恰恰与经济发展不均衡和较发达省市社会保障"责任转嫁"相关,同时也是财政依存度与经济发展负相关的原因所在;⑤中、西部贫困

---

[1] 根据国际货币基金组织政府财政统计数据库(International Monetary Fund Government Finance Statistics Database)和经合组织OLIS数据库(OECD OLIS Database)的可得数据估算,OECD国家2004~2007年社会保障财政依存度一般在0.55以内,社会保障水平基本都在0.16以上,财政支出水平基本没有低于0.20的,而我国目前的社会保障发展水平公认较低,各指标值均在参照值以内,不存在福利过度,因此这里提出个别省份变异值后作出指标值越高发展越好的判断。

人口占贫困总人口比重大,近三年数据均在70%以上,社会救助支出较大,且根源也在于经济非均衡引致的贫富差距过大所致。因此,以全国整体的视角审视,以上4个指标显现出的与经济、人均社会保障水平的倒挂现象与社会保障流动性关系密切,更深层的原因是经济发展非均衡。

5.5 三大地带的非均衡发展评估

对东中、西、部非均衡发展评估首先构建东、中、西部不均衡指数,分别记为 I'_1、I'_2,根据指标15、16定义,i 取值为1、2、3,"1"代表东部,"2"代表中部,"3"代表西部,y_i 分别为东、中、西部社会保障支出额各占全国支出额的比重,计算 I'_1 时 x_i 为东、中、西部GDP各占全国GDP比重,计算 I'_2 时 x_i 为东、中、西部人口各占全国人口比重,$n=3$。然后以东、中、西部社会保障支出各占全国社会保障支出的份额作为集中度指数,并根据指标17、18以西部人均社会保障支出为参照值"1",计算东、中、西部人均社会保障支出比 I_3 和东、中、西部人均财政社会保障支出比 I_4。最后根据指标3~6、9~11定义计算东、中、西部对应指标值,计算结果如表5-4所示。

表5-4 社会保障经济公平三大地带非均衡发展指标数据

指标名称 \ 年份	2001	2002	2003	2004	2005	2006	2007	2008	2009	2010
不均衡指数										
I'_1	0.012	0.014	0.014	0.014	0.014	0.015	0.015	0.016	0.016	0.015
I'_2	0.061	0.056	0.060	0.057	0.055	0.050	0.047	0.041	0.037	0.036
I_5	1.65:1.01:1	1.56:0.97:1	1.67:1.05:1	1.66:1.05:1	1.61:1.06:1	1.61:1.14:1	1.49:1.04:1	1.36:0.97:1	1.29:0.92:1	1.24:0.89:1
I_6	1.22:0.93:1	1.06:0.88:1	1.13:0.94:1	1.16:1.04:1	1.15:1:1	1.23:1.18:1	1.11:0.95:1	0.97:0.87:1	0.86:0.86:1	0.86:0.83:1
集中度指数										
东部	0.510	0.500	0.509	0.506	0.506	0.498	0.495	0.485	0.479	0.481
中部	0.266	0.267	0.271	0.277	0.273	0.286	0.276	0.273	0.270	0.265
西部	0.224	0.232	0.220	0.218	0.221	0.216	0.229	0.242	0.252	0.254
财政依存度										

续表

指标名称 \ 年份	2001	2002	2003	2004	2005	2006	2007	2008	2009	2010
东部	0.334	0.319	0.332	0.327	0.339	0.356	0.421	0.417	0.394	0.397
中部	0.419	0.421	0.438	0.453	0.450	0.478	0.519	0.525	0.553	0.529
西部	0.452	0.470	0.490	0.470	0.476	0.464	0.567	0.587	0.591	0.569
社会保障水平										
东部	0.033	0.036	0.037	0.035	0.036	0.037	0.044	0.048	0.055	0.054
中部	0.042	0.048	0.050	0.049	0.049	0.055	0.063	0.066	0.076	0.071
西部	0.049	0.058	0.056	0.053	0.055	0.057	0.070	0.078	0.091	0.088
财政负担水平										
东部	0.141	0.150	0.159	0.152	0.147	0.157	0.201	0.210	0.224	0.215
中部	0.304	0.357	0.388	0.386	0.366	0.395	0.483	0.500	0.585	0.511
西部	0.318	0.394	0.393	0.358	0.354	0.339	0.466	0.518	0.596	0.518
财政支出水平										
东部	0.113	0.116	0.123	0.117	0.118	0.130	0.170	0.172	0.172	0.164
中部	0.140	0.155	0.172	0.171	0.165	0.179	0.212	0.212	0.225	0.202
西部	0.125	0.140	0.148	0.139	0.140	0.136	0.195	0.188	0.199	0.182
社保增长率										
东部	—	0.249	0.171	0.105	0.177	0.208	0.344	0.187	0.279	0.131
中部	—	0.278	0.170	0.133	0.160	0.284	0.305	0.199	0.280	0.107
西部	—	0.318	0.093	0.098	0.196	0.196	0.435	0.280	0.350	0.137
财政贡献率										
东部	—	0.258	0.407	0.287	0.402	0.440	0.608	0.398	0.309	0.423
中部	—	0.429	0.541	0.559	0.434	0.578	0.652	0.557	0.652	0.307
西部	—	0.528	0.699	0.271	0.507	0.403	0.804	0.658	0.604	0.410
财政贡献百分点										
东部	—	0.064	0.070	0.030	0.071	0.092	0.209	0.074	0.086	0.056
中部	—	0.119	0.092	0.074	0.070	0.164	0.199	0.111	0.182	0.033
西部	—	0.168	0.065	0.027	0.099	0.079	0.349	0.184	0.211	0.056

注：I_5、I_6 指标以西部统一为 "1" 折算。

从三大地带的绝对额数据分析，不平衡指数 I_1 在 2001~2010 年基本是递增趋势，I_2 是递减趋势。表明三大地带的社会保障与经济增长的不均衡程度变大，与人口规模的不均衡性在减小,这意味着社会保障与经济财富的不匹配和与服务人口规模的逐渐匹配共存。I_5 指标在 2007 年以前,东部的人均社会保障财政支出额显著高于中部和西部,之后则中、西部逐渐出现反转,西部反超过中部,且与东部差距逐渐缩小。I_6 指标与 I_5 指标出现相近趋势。虽然 I_5 指标差距大于 I_6 指标差距,但这种结果仍然显示了中央重视民生对西部转移支付力度的加大,尤其是扶贫、医疗及社会保障补助等方面加大投入,可能也影响了西部财政支出的社会保障支出偏好,形成了这种东、中、西部格局变化。集中度指数反映出东部的社会保障支出额显著高于中部和西部,虽比重在缩小但差距依然较大;西部社会保障支出比重最低,但其比重基本保持上升趋势,与中部差距已经很小,三大地带的不公平格局有一定缩小趋势。

对于三大地带社会保障财政依存度则整体上呈现一种稳定上升趋势,东部显著低于中部和西部,中部低于西部(除 2006 年外),但中、西部差距较小相对稳定。财政依存度的这种差异特征说明中、西部地区的社会保障资源及省际、区域非均衡状态没有较大程度的扩大与财政提供较大支撑相关,而我国社会保障"投保资助"的制度模式决定了社会保障的财政依存度不应过高,区域相对均衡必须以社会财富的积累为基础,以经济发展的相对均衡为依托,财政依存度的逐年增大和区域差异变化值得注意。

从结果公平视角看,三大地带社会保障水平逐年增长,按照东、中、西的顺序依次变大,说明与经济发展的负向关系,这与前述省际聚类分析相近。财政负担水平东部远低于中部和西部,中、西部交替大小,数据逐渐趋近。财政支出水平则中部最高,西部高于东部。时间序列数据上两指标均逐步提高,显示社会保障财政支持力度的加大。对比两指标之间差值,东部差值不大,中、西部差值明显,说明东部地方财政收支状况较好,中、西部较差,社会保障财政负担风险能力较弱,需要较大中央转移支付。

从动态发展视角分析,有 2/3 的年份,西部社会保障支出增长率高于东部和中部,东、中部的增长率差异不显著。财政对社会保障贡献率指标的大多数年份是中部、西部显著高于东部,西部高于中部。财政支持对社会保障贡献百分点的东、中、西结构数据规律不明显,但从各年指标平均数值看是西部大于中部,中部大于东部。动态公平的三个指标在时间序列的变化上规律均不明显,这也和前述社会保障发展缺乏中长期统筹规划分析结论一致。

5.6 结 论

根据以上分析评估得到如下结论：

(1) 社会保障省际发展不均衡，基础在于经济发展不均衡。

不论是社会保障支出绝对额、过程公平、结果公平，抑或是动态公平与适应性，省际社会保障发展均存在程度不一的非均衡，但形成我国社会保障经济公平非均衡发展的原因既是历史发展进程中的沉淀和延续，又与政策和发展战略导向息息相关。且本质上社会保障资源的存续是以经济财富为基点，其均衡发展必须依靠经济发展的均衡为依托。在社会保障制度省际基本统一和省际经济发展非均衡的条件下，不可能强制使社会保障绝对额均衡，特别是目前中、西部与东部地区经济发展差异较大情况下，强制的社会保障均衡发展会使社会保障的源泉枯竭，造成另一种省际横向不公平。站在国家发展战略的角度，应致力于发展中、西部和落后省市经济更快速增长，加大中央对中、西部尤其是西部地区经济发展的战略导向和政策支持力度，缩小与发达地区的差距，从而根本上改变社会保障发展失衡。

(2) 社会保障发展与经济发展存在不匹配，应充分重视一致性。

从 2001～2010 年 31 个省市社会保障非均衡发展差异的实证结果看，省际非均衡程度整体上有缩小趋势但与经济水平存在不匹配，而通过省际社会保障发展的聚类和三大地带发展差异的分析，发现中国 2001～2010 年的社会保障发展在东部和中、西部之间存在显著非均衡，中、西部非均衡程度较小，且发展的相对水平高于东部，也说明社会保障与经济发展存在不匹配。尽管在省际经济非均衡发展基础上，其社会保障非均衡状态有一定客观合理性，但必须重视部分省市社会保障发展与经济发展的负相关性，科学监测发展的各相对指标，使财富的拥有程度和社会保障的供给程度相一致。

(3) 社会保障水平、财政投入水平等与经济、人均社会保障水平倒挂，流动性不足是重要因素。

从时间序列数据看，随着各省经济实力的增强社会保障水平相应提高，然而省际与东、中、西部社会保障、财政投入水平等与经济、人均社会保障水平的负向关系显现了东部社会保障责任的转嫁，反作用于经济发展后影响中、西部经济成长性。而如果社会保障流动性充足，能够与迁移人口随迁，会增加中、西部省市社会保障资金充裕度，降低财政支持力度，缓解财政较高的负担，一定程度上增进中、西部经济发展，继而作用于社会保障，提高其自供自给能力，形成良性循环的带动力，从根本上消除责任转嫁引起的横向不公平，改变省际与区域发展的不均衡状态，化解财政依存度过高的潜在风险，让部分省市回归"投保资助"模式发展轨道，促进社会保障整体均衡发展。

（4）社会保障发展规范性和适应性较差，应以规划和制度约束发展的随意性。

数据显示各省与三大地带财政对社会保障投入不断增加，但从财政对社会保障贡献和适应性看，财政性社会保障投入、适应系数忽高忽低，缺乏规律性，当然不排除某些年份社会保障投入的客观需要和新制度推行而引起支出水平、财政补助的较大增长，但社会保障资金尤其财政资金的公共性要求健全的法制来决策资金投入的金额与倾向，以优化投入效率。因此，社会保障的可持续性要求发展规划明确、建立健全财政投入的长效和制度约束机制，消除决策的随意性，从而通过中长期规划和制度约束手段强化社会保障经济公平省际区域不均衡的改善。

6 社会保障公平的认知调查与评估

社会保障是政府向全体社会成员提供的公共产品，是用经济手段解决社会问题、维护社会公平，实现国民共享发展成果的一项保障制度，创造公平、维护公平、促进公平是社会保障制度与生俱来的独特使命。人们对公平的认知、判断和感受是社会保障制度得以存续的基础。由于城乡生活环境的差异性，当前居民对适度公平的主观认可标准究竟多大没有详尽的调查资料，笔者在2009年抽样调查的基础上，2013年又进行了一次调查，本章中笔者将对两次调查部分选项进行比较分析，研究居民对社会保障公平的动态变化；同时加入了部分新的调查选项，以反映社会保障公平认知的其他方面。

6.1 调查方法与问卷设计

6.1.1 调查问卷设计依据

本书对于调查问卷的设计将借鉴过程系统的概念。过程的概念由来已久，一系列相关的活动或操作就是一个过程。对一个企业来说，日常运作的各种经营活动都形成各种业务过程。不同的研究者对业务过程提出各种大同小异的定义。如马歇尔·哈马（Michael Hammer, 1990）[1]将过程定义为"获取一种或者多种输入并创造一种对客户有价值输出的一系列活动的集合。Thomas H. DavenPort[2]（1990）定义业务过程是"为了达到预定业务成果的一整套逻辑上相互关联的任

---

[1] Michael Hammer. Reengineering Work: Don't Automate, Obliterate [J]. Harvard Business Review, 1990, 68 (4): 104-112.

[2] Thomas H. DavenPort, Jalnes E. Short. The New Industrial Engineering: Information Technology and Business Process Redesign [J]. Sloan Management Review, 1990, 31 (4): 11-27.

务"。Anders Ljungberg[①]（2002）将过程定义为"按照一定逻辑关系相连接，利用资源和信息将输入转换换为输出从而最终满足客户需求的一系列活动"。唐任仲和 O. Mejabi[②]（2002）将过程定义为在一定的约束条件下，通过定义好的一系列活动，借助一定的资源将任何形式的输入转换成商品、信息或服务等输出形式。从以上定义可以看出，虽然不同的学者对过程的定义有所不同，但这些定义中包含了以下的基本概念[③][④]：一系列相互关联的活动；创造、生产和转换；具有特定的输入和输出；满足达到特定的目标（见图 6 – 1）。

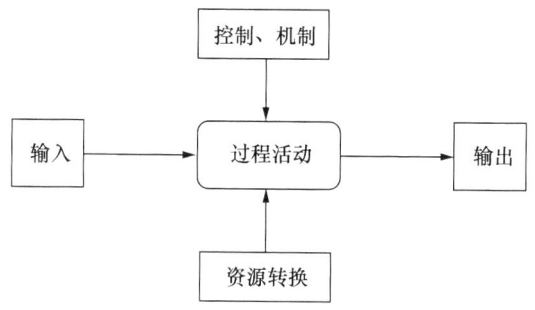

图 6 – 1 过程的定义描述

如上所述，当把过程概念应用于研究系统过程时，就形成了过程系统的概念。当"过程系统"作为学科研究对象时，"过程"的含义由过去指制造工艺过程延伸到经营管理业务和决策过程[⑤]。从自然科学延伸到社会科学的概念释义对我们进一步应用过程系统概念提供了无限思路。本书将过程链条向前后延伸，描述过程活动从输入到输出的完整过程，输入是过程的起点，输出是过程的结果，连结起来就形成"起点→过程→结果"的环节链条，并定义为全过程应用到社会保障系统中。因此，本书以公平为目标，以过程系统为理论基础，将居民对社会保障公平的认识按照"认可已经存在的社会保障制度→对过程公平的认知→对结果公平的认知→对不公平状态的归因和预期"的过程进行分析。问卷中分别设

---

① Anders Ljungberg. Process Measurement [J]. International Journal of Physical Distribution & Logistics Management, 2002, 32 (4): 254 – 287.
② 唐任仲, O. Mejabi. 过程管理技术 [J]. 浙江大学学报（工学版）, 2002 (3): 256 – 259.
③ Colin Armistead, Simon Machin. Business Prpcess Management: Implicatioms For Produetivity in Mult-Stage Service Networks [J]. International Joumal of Service Industry Management, 1998, 9 (4): 323 – 336.
④ Thomas R. Gulledge, Rainer A. Sommer. Business Process Management: Public Sector implications [J]. Business Process Management Joumal, 2002, 8 (4): 364 – 376.
⑤ 杨友麒, 成思危. 知识经济时代的过程系统工程——面临的挑战与发展的趋势. 系统工程理论与实践, 2002 (8): 1 – 15.

计了与之对应的问题，同时笔者在设计问卷时考虑城乡居民的理解力，将城乡分别设计问卷，农村问卷更注重语言的通俗化，易于理解，且在问卷设计之初首先进行了试访，根据试调查发现的问题对问卷修改完善后再行正式调查。

6.1.2 调查样本选取

在不同经济发展水平地区，社会保障的发展程度是不同的，其对城乡居民带来的公平感也是有差别的。

在2008~2009年调查中，由于受资金限制，主要选取山东、河南、安徽、重庆作为代表性省市来调查。选择山东作为东部地区代表，因为近几年经济发展水平较快，近3年社会保障支出水平全国排名居于第5位。河南和安徽地处于中部，河南是中部地域经济发展较好省份，社会保障水平发展较好，近3年分别处于第9和第8的位次。安徽经济和社会保障水平均处于全国的中游水平。重庆是国家统筹城乡发展的试点地区，因此在社会保障方面走得比较靠前，所以以重庆作为西部省市的代表。另外调查还有少量四川的问卷。调查样本选择的省市3年的经济发展和社会保障状况如表6-1所示。

表6-1　2005~2007年样本省份经济及社会保障发展状况　　单位：亿元

省份	2005年			2006年			2007年		
	GDP名次	社保支出	排名	GDP名次	社保支出	排名	GDP名次	社保支出	排名
山东	2	577.621	5	2	714.591	5	2	922.284	5
河南	5	391.556	9	5	512.219	8	5	677.168	8
安徽	15	265.693	15	15	345.868	14	14	470.272	14
重庆	24	188.036	23	24	249.106	23	24	319.704	20

注：（1）排名是指各省份社会保障总支出在全国的排名。
（2）2007年社保支出＝财政支出中社会保障和就业支出及医疗卫生支出＋社会保险五险基金支出。2006年社保支出＝财政支出中抚恤和社会福利救济费、行政事业单位离退休经费、社会保障补助支出及医疗卫生支出＋社会保险五险基金支出。2005年社保支出计算口径同2006年，但由于统计数据的不完备，2005年社会保险五险基金缺少了工伤、失业和生育基金支出，但并不影响结果的对比。
资料来源：国家统计局：历年《中国统计年鉴》，北京：中国统计出版社。

在2013年调查中，笔者根据1986年全国人大六届四次会议通过的"七五"计划中对东、中、西部的划分以及后来范围的小调整，选择范围进行了扩大，选取样本扩展至东部省份包括北京、山东、河北、辽宁、福建、江苏、天津7个省、市，中部省份包括河南、吉林、江西、湖北、黑龙江、安徽、山西、湖南8个省，西部省份包括内蒙古、重庆、新疆、广西4个市、自治区。

6 社会保障公平的认知调查与评估

6.1.3 回收样本的基本特征值分布

调查采取随机调查和定点调查相结合的办法。定点调查即选取固定的场所，发放问卷并及时收回。随机调查即选取某人口比较集中的地方采用面对面的方式现场填写调查表，然后处理这里调查问卷的数据。2009年调查问卷发出1200份，收回问卷1027份，回收率85.58%。其中有效问卷975份（山东277份，河南203份，安徽191份，重庆276份，四川29份），占回收问卷的94.94%。2013年调查问卷发出1230份，收回问卷1196份，其中收回有效问卷1077份，有效回收率90.1%。调查问卷涉及样本特征及分布值如表6-2所示。

表6-2 调查样本基本特征值分布状况　　　　　　　　　　单位:%

样本基本特征	整体	城镇	农村	样本基本特征	整体	城镇	农村
行政区划				家庭成员情况			
城乡	—	48.4	52.6	自己和爱人	12.9	13.9	12.1
东部	40.6	46.2	53.8	自己、爱人和孩子	35.8	36.7	35.1
中部	37.0	43.1	56.9	自己、爱人、孩子和一位老人	11.2	9.2	13.0
西部	22.4	54.8	45.2	自己、爱人、孩子和两位老人	11.1	8.9	13.3
性别				自己、爱人、孩子和多位老人	9.4	9.6	9.1
男性	52.1	49.0	54.9	自己一个人	19.5	21.8	17.5
女性	47.9	51.0	45.1	月收入（城镇）/年收入（农村）			
年龄段				800元以下/2000元以下	12.9	9.0	16.6
16~29岁	29.5	25.3	33.4	800~1200元/2001~4000元	11.2	9.3	12.9
30~39岁	21.4	21.9	20.9	1201~1800元/4001~6000元	15.6	17.2	14.1
40~49岁	22.9	24.6	21.4	1801~3000元/6001~9000元	23.3	30.2	17.0
50~59岁	14.7	16.1	13.4	3001~5000元/9001~16000元	22.1	20.3	23.8
60岁以上	11.4	12.0	10.9	5000元以上/16000元以上	14.8	14.0	15.6
文化程度				工作职业范围（城镇/农村）			
小学及以下	11.7	7.2	15.9	公务员/务农	21.0	8.9	32.2
初中	24.2	13.9	33.6	事业单位/村干部	9.0	15.6	2.9
高中、中专、技校	27.8	29.8	26.0	国有企业/乡镇企业职工	14.6	22.5	7.4
大学本科或专科[①]	30.8	37.5	24.6	民营企业/其他企业职工	20.7	19.8	21.5
研究生及以上	5.6	11.6	—	外资企业/个体户	12.0	5.4	18.1
—	—	—	—	其他	22.6	27.7	17.9

注：①根据人口普查数据，考虑农村文化程度的现实情况，将农村文化程度大专及以上归入一类。

6.2 城乡社会保障社会公平感调查及评估分析

运用统计分析软件 SPSS19.0 处理调查问卷，对居民社会保障公平结构的认知评估分析，同时按照调查目的的一致性与 2009 年的调查问卷数据比较分析。

6.2.1 对社会保障制度的存在认知的评估

社会保障制度的存在是社会保障制度系统运行的起始，只有对社会保障制度的存在产生充分信任，该制度才会有充分的民意基础，才能够产生制度主观上的可持续性。调查中以居民认为是否社会保障制度受益受损视角反映对制度的认可。从调查结果来看（见表 6-3），整体上认为是社会保障受益者的占 38.2%，其中城镇（43.6%）显著高于农村（33.3%）；认为社会保障制度带来损失的占比例很低，整体上仅有 8.8%；而认为不受益不受损的占 27.4%，认为说不清楚的占 25.6%，两者相加 53.0%，可见还有很多人持中性态度或者对社会保障的重要性认识不够，由其在农村，这两者加起来占 59.1%，充分反映了社会保障制度政策解释力度需要强化，重要性的深入人心需要加强。对比 2009 年的调查数据，出现比较积极的变化，认为受益的提高，不受益也不受损的显著下降，说不清楚略有提高，当两种相加显著下降。而城乡的选择比例分布，2013 年和 2009 年的调查显示出一致性。

表 6-3 对社会保障制度存在认可的选择比例　　　　　单位:%

选项	2009 年			2013 年		
	整体	城镇	农村	整体	城镇	农村
受益者	32.9	39.4	26.0	38.2	43.6	33.3
受损者	8.4	10.6	6.0	8.8	10.0	7.6
不收益也不受损	37.6	33.5	41.9	27.4	26.6	28.1
说不清楚	21.1	16.5	26.0	25.6	19.7	31.0

只有认可了制度，社会保障制度才具备社会价值和活力，才能产生发展动力，如果一项制度没有公众充分信任基础，则其存在的合理性将会得到质疑，可持续则更无从谈起。养老保险、医疗保险是社会保障制度中最重要的两项子制度，关系所有公民的利益，如表 6-5 所示，城乡居民对养老保险、医疗保险、

6 社会保障公平的认知调查与评估

贫困救助的重要程度排序对此作出印证，68.3%居民同时选择了养老保险、医疗保险最为重要，因而城乡居民对当前城乡养老保险、医疗保险的满意度评价则可以反映社会保障制度运行结果的成效。如调查数据（见表6-4）显示，整体上对养老保险基本满意以上的选择比例达到74.7%，城镇为77.7%，农村为72.1%；整体上对医疗保险基本满意以上的选择比例达到76.4%，城镇为75.3%，农村为76.4。从评价等级上看，半数以上的居民仍然处于基本满意的状态，说明社会保障制度实施效果任重道远。

表6-4 对当前城乡养老保险、医疗保险评价的选择比例　　　　单位:%

选项	养老保险			医疗保险		
	整体	城镇	农村	整体	城镇	农村
很满意	5.0	3.1	6.8	5.4	3.4	7.3
比较满意	16.6	18.7	14.7	18.4	21.6	15.4
基本满意	53.1	55.9	50.6	52.6	51.3	53.7
不满意	22.2	18.7	25.4	20.4	20.3	20.4
很不满意	3.1	3.7	2.5	3.2	3.3	3.2

对于社会保障子制度的重要程度城乡比较上，城乡居民略有差异，城镇居民首选养老保险的比例为47.1%，农村为34.9%；首选医疗保险的比例则城乡基本相当；而农村首选社会救助的比例（19.8%）显著高于城镇（7.3%），由此也能看出城乡居民收入差异的缩影，由于农村收入较低，贫困人口规模大，社会救助对农村居民的重要程度远大于城镇居民。

表6-5 社会保障制度重要程度的选择比例　　　　单位:%

项目	选项	整体	城镇	农村	项目	选项	整体	城镇	农村
对①养老保险、②医疗保险、③贫困救助的重要程度排序	①②③	31.9	39.6	24.8	除养老、医疗保险和贫困救助以外，哪些项目对农民来说还是必要的	失业保险	23.0	22.3	23.7
	①③②	8.9	7.5	10.1		住房公积金	16.1	14.5	17.6
	②①③	36.4	37.5	35.5		工伤保险	36.7	39.4	34.2
	②③①	9.0	8.1	9.8		生育保险	19.4	19.8	19.0
	③①②	5.3	3.6	6.8		都不必要	4.8	4.0	5.5
	③②①	8.5	3.7	13.0	—	—	—	—	—

此外，课题组还对"除养老、医疗保险和贫困救助以外，哪些项目对农民来说还是必要的"进行了了解，调查结果显示集中于工伤保险和失业保险，反映农

村机械化作业程度的发展、外出务工人员的增多也会使农村居民受到伤害的概率加大，城镇化和城区面积的扩展会产生一定比例的失地同时失业农村居民，因此农村居民工伤保险的推进存在一定民意基础。

6.2.2 对过程公平认知的评估

公民对社会制度公平的判断往往会比较关注结果的状态，忽略形成结果的过程，从而产生只看"产出"忽略"投入"的现象。调查中，对于筹资水平方面，课题组以多项选择的形式了解了城镇和农村居民在养老保险和医疗保险方面的个人缴费金额状况（见表6-6），发现认为城镇缴费水平应该比农村高一点占据多数，分别为42.6%和37.2%，农村居民中认为城镇应该比农村高很多也有相当比例（20.9%），而选择应该和领取养老金的数额、看病报销的金额对应的却比例不高，反映大家对缴费和待遇的一致性没有充分的认识。在社会保障整体应该和哪方面相匹配上，选择最多的是经济发展水平，与个人缴费多少匹配的选择虽然也比较高，但农村居民选择该项的比例却只有38.3%。公平原则的核心思想是一个人的收益应该与他的贡献成比例（Deutsch，1985；Hatfield，Traupmann Sprecher Utne & Hay，1985），以上调查结果反映了居民对社会保障公平的缴费和待遇匹配关系还没有形成正确认识。

表6-6　社会保障过程与结果的一致性问题选择比例　　　单位：%

项目	选项	整体	城镇	农村	项目	选项	整体	城镇	农村
城镇和农村居民在养老保险和医疗保险方面的个人缴费金额	应该一样	10.1	10.7	9.5	社会保障公平性应该和哪方面相匹配	个人生活消费水平	17.9	14.4	21.1
	城镇应该比农村高一点	39.8	42.6	37.2		经济发展水平	59.7	60.3	59.2
	城镇应该比农村高很多	16.0	10.8	20.9		个人缴费多少	44.2	50.7	38.3
	应该和领取养老金的数额、看病报销的金额对应	16.8	16.6	17.0		个人退休前的收入水平	22.3	26.2	18.6
	应该和人的收入多少对应	15.1	18.3	12.2		不清楚	8.6	6.8	10.2
	农村应该比城镇高	2.2	1.1	3.2					

既然大家对缴费与待遇水平匹配性上没有形成正确认识，那么大家是否知道城乡居民缴费水平的差距呢？对此课题组对"城镇职工养老、医疗保险和农村养老、医疗保险缴费较大差距的了解程度"进行了了解，调查结果显示（见表6-

7),很清楚的微乎其微,选择知道但不知道具体差距有多大的占绝对多数,选择听说过的也占比较高,而选择听说过和不知道的合计超过40%,可见大家对社会保障公平性的判断的关注点还是集中在结果上,并没有去了解结果是怎么形成的,当然我们不能要求每个人都成为社会保障制度的专家,但至少每个人应该对公平的判断标准有个正确认识,同时也反映了我们政策解读的宣传力度也有欠缺。

表6-7 城镇职工养老、医疗保险和农村养老、医疗保险缴费较大差距的了解程度

单位:%

选 项	养老保险			医疗保险		
	整体	城镇	农村	整体	城镇	农村
很清楚	5.3	7.1	3.6	5.0	6.9	3.2
知道,但不知道具体差距有多大	54.1	57.6	50.9	49.5	48.2	50.7
听说过	25.5	22.1	28.6	27.9	26.5	29.1
不知道	15.1	13.2	16.8	17.7	18.4	17.0

此外,课题组还对"整体社会保障政策了解程度"进行了了解,调查结果与上述结果近似(见表6-8),整体上有64.4%的居民只了解少部分。对比2009年的同样调查,了解大部分的比例下降幅度较大,了解少部分的比例有所上升,完全不了解的比例上升幅度较大。数据说明尽管城乡居民对社会保障公平状况有自己的判断,但对当前社会保障政策并不是十分了解,判断标准相对盲目。

表6-8 城乡居民对城乡社会保障政策了解程度的选择比例   单位:%

选 项	2009年			2013年		
	整体	城镇	农村	整体	城镇	农村
非常了解	7.2	8.9	5.4	3.0	3.7	2.3
了解大部分	29.3	36.7	21.5	19.1	23.6	14.8
了解少部分	58.9	50.9	67.3	64.4	61.5	67.1
完全不了解	4.7	3.6	5.8	13.6	11.1	15.8

人体知觉的准确性主要集中在做出判断是利用的线索和这些线索如何被整合(Park、Dekay & Krause,1994)。为了使政策能更好地传播,进一步了解居民作出公平与否结论时的信息获取渠道,课题组又对"居民社会保障政策知识获取渠道"进行了调查,结果显示整体上对社会保障知识的了解主要来源于电视、报

刊、网络（34.8%）和周围人的交谈（33.3%）两类主渠道，其他方面则较少。其中城乡居民的渠道差异明显，城镇居民除以上两类主渠道外，单位的通告或通知也是很重要的渠道；而农村则主要依靠两类主渠道，且和周围人交谈（42.2%）是获取信息的最重要渠道，选择比例远大于城镇（23.5%），反映了农村这种村落聚集居住和邻里交往频繁的特征，农村居民对社会的判断有从众和遵从的心理特征，结合现在农村媒体使用特征，反映出电视媒介在农村舆论的影响力可见一斑。

表6-9 城乡居民社会保障政策知识获取渠道的选择比例 单位:%

选项	整体	城镇	农村	选项	整体	城镇	农村
电视报刊网络	34.8	33.8	35.8	周围人的交谈	33.3	23.5	42.2
社区的宣传栏	10.3	10.6	10.0	社会保障局的宣传	3.6	3.9	3.3
单位（村委）的通告或通知	14.3	21.2	8.0	专业知识书籍	3.7	6.9	0.7

6.2.3 对结果公平认知的评估

居民对社会保障公平的认识通过认可已经存在的社会保障制度，进而去了解相关内容，最终将形成对社会保障制度运行结果的公平认知，即形成居民对社会保障制度社会公平与否的价值判断。当人们知觉到他们的社会关系是公平的时候，他们就会非常满足。如果个体知觉到一种关系不公平，他们就会感到不开心，关系越不公平就越不开心。调查中对居民对社会保障制度整体公平认知按照5个梯度分类，结果显示，认为很公平和比较公平的占26.2%（在目前城乡社会保障差距的客观现状下，城乡居民认为很公平的应该属于认知中的积极性偏差或对社会保障情况完全不了解所致），有点不公平的占34.7%，不公平和很不公平的占39.1%。有点不公平的状态可以认为是公平与不公平的分界点，此种状态下是保持一项制度公平的底线边界，而边界下仍然存在一定比例，反映了社会保障制度运行结果在农村依旧存在一定失衡和民怨，这可能也是目前社会保障制度引起社会舆论如此多关注的原因之一。

表6-10 社会保障制度整体公平认知结果的选择比例 单位:%

选项	2009年			2013年		
	整体	城镇	农村	整体	城镇	农村
很公平	4.0	7	0.9	2.1	1.2	2.9
比较公平	5.0	6.4	3.5	24.1	30.2	18.6
有点不公平	40.1	38.6	41.7	34.7	36.3	33.1

续表

选项	2009 年			2013 年		
	整体	城镇	农村	整体	城镇	农村
不公平	34.3	32.7	36	31.7	25.8	37.2
很不公平	16.6	15.2	18	7.4	6.5	8.2

城乡差异方面，认为不公平和很不公平的比例农村居民（45.4%）显著高于城镇居民（32.3%），认为比较公平和很公平的比例则城镇居民（31.4%）显著高于农村居民（21.5%），这充分反映了社会保障资源在城乡之间配置矛盾的存在，而矛盾的焦点依然集中在医疗社会保险和养老社会保险（见表6-11），其他保障项目则由于急迫性和保障人群的有限性而并未引起居民较大关注。

随着社会保障制度的不断改进，人们的认识也会产生动态变化，课题组通过将2009年和2013年调查数据对比发现，时间动态序列上公平性还是有较大改进的。整体上认为有点公平及以上的提高了11.8%，认为不公平和很不公平的比例下降了12.8%，城乡均显示了相似的变化，反映近几年随着农村社会保障制度的相继建立推行，投入不断加大，整个社会保障制度的公平性显著改善。

表6-11　社会保障城乡差距最大的保障项目的选择比例　　单位：%

选项	整体	城镇	农村	选项	整体	城镇	农村
贫困救助	14.5	10.9	17.7	生育保险	8.2	8.3	8.2
医疗社会保险	51.2	54.5	48.1	失业保险	12.7	12.7	12.7
养老社会保险	59.1	61.4	56.9	工伤保险	9.8	12.3	7.5

有证据支持（Hatfield et al.，1985），知觉到关系不平等的人会设法恢复平等。一种方法是恢复实际的平等，另一种方法是应用认知策略来调整知觉上的不平衡，恢复心理上的平等。恢复实际的平等需要依靠顶层设计完善制度实现；调整认知需要居民强化对社会保障设计理念的认同和舆论引导。这两种恢复方法均需要以居民对社会保障不公平状态有一定了解为基础。调查显示：对当前社会保障不公平状态了解少部分的占45.1%，了解大部分的占37.5%，说明半数以上（了解少部分的和完全不了解的占55.0%）居民是在没有太多认识的情况下凭感觉对社会保障公平性作出判断；而城镇居民了解程度明显大于农村居民，反映了城镇居民的相对理性，作出判断是基于对现状作出了解。由此也反映出社会保障制度顶层设计的重要性，公平的理念一旦确定需要在居民参保时让其充分了解接受达到实际的平等，进而通过调整心理接受群体之间的结果差异。

以上调查结果显示了城乡居民对社会保障城乡差异不公平的价值判断,那么这种城乡差距水平达到多大才是合适的,才能达到一种合意的大致公平状态?课题组假定城镇人均社会保障水平为550元[①],对城乡的差距水平作了了解(见表6-13)。有25.2%居民认为城乡公平的差距水平为1.83:1~2.75:1,有37.7%的居民认为城乡社会保障适度公平差距为1.38:1~1.83:1,有27.4%的居民认为适度差距水平为小于1.38:1。城镇占比最多的选择为1.83:1~2.75:1(31.4%)和1.38:1~1.83:1(36.1%),而农村占比最多的选择为1.38:1~1.83:1(39.3%)和小于1.38:1(31.7%),城乡合意水平调查结果的差异反映了农村居民更倾向于城乡差距更小化。有研究发现,当人们相信他们能够从关系中收获较多时他们的满意感水平最高,而不管知觉到的回报分配是否公平(Surra,1990)。调查结果反映了农村居民没有太多考虑到筹资水平的差异性,即没有理性看待投入回报比,较少关注过程不公平,更多是看到结果不公平。

表6-12 居民对社会保障城乡不公平的了解程度

选项	2009年			2013年		
	整体	城镇	农村	整体	城镇	农村
非常了解	7.2	8.9	5.4	7.5	8.6	6.4
了解大部分	29.3	36.7	21.5	37.5	44.6	31.1
了解少部分	58.9	50.9	67.3	45.1	37.9	51.8
完全不了解	4.7	3.6	5.8	9.9	9.0	10.7

表6-13 城乡居民对社会保障差距的合意水平

选项	2009年			2013年			调查设置城乡差距比	调查设置城乡差距比均值
	整体	城镇	农村	整体	城镇	农村		
100元以下	1.8	3.6	0	1.9	1.7	2.1	>5.50	11.00
100~200元	14.2	16.7	11.6	7.7	8.1	7.3	2.75~5.50	3.67
200~300元	44.2	35.7	53.1	25.2	31.4	19.5	1.83~2.75	2.20
300~400元	33.7	36.9	30.4	37.7	36.1	39.3	1.38~1.83	1.57
400元以上	6.0	7.1	4.9	27.4	22.7	31.7	<1.38	1.22
城乡差距比加权平均值	2.30	2.46	2.13	1.98	2.02	1.93	—	—

---

① 2009年调查设计550元的参照值是根据统计年鉴数据大致计算的城镇人均社会保障支出金额,为使数据比较口径一致,2013年的调查仍然沿用此参考值,目的只是为得到居民认识的城乡差距合意水平。

为了得到一个综合的合意水平值，课题组对选择区间作了均值处理，计算分组城乡均值差距比使用550元和各分组的组中值相除得到，组中值的计算公式为：

组中值 =（上限 + 下限）/2

缺上限的开口组组中值 = 下限 + 邻组组距/2

缺下限的开口组组中值 = 上限 − 邻组组距/2

对分组城乡均值差距比以调查人数比重为权数分别整体、城、乡进行计算。计算公式为：

$$\bar{X} = \sum \left(X \cdot \frac{f}{\sum f} \right)$$

$\bar{X}$表示城乡均值差距比加权平均值，X表示各组城乡均值差距比，f是每一选项频数，$\sum f$是总频数。对比2013年和2009年两次调查数据，一方面说明城乡居民虽然认可城乡社会保障应该有差距，但却迫切需要缩小不公平程度；另一方面反映出城乡社会保障差距合意水平有不断缩小的需求。

从社会保障制度确保起点公平、过程公平、保持合理差异结果公平的设计理念出发，需要处以舆论引导，防止出现过度的缩小差距引起城镇居民参保积极性下降，激励效应丧失。为此，课题组设计了一组起点、过程与结果的比较选择调查，结果显示（见表6-14）城镇居民选择较为分散，农村居民关注点则主要集中在结果上，因此，在对农村投入不断增加，城乡差距不断缩小的同时，应注意引导居民对起点和过程公平的认识，注意个人付出—回报比的公平性。

表6-14 比较以下几项内容，您觉得最不公平的是

选项	整体	城镇	农村
农村养老保险设立时间比城镇晚（起点）	16.8	18.8	15.0
农村医疗保险设立时间比城镇晚（起点）	25.0	27.8	22.4
城镇领取养老金高，农村低（结果）	38.2	35.6	40.6
城镇居民看病医疗保险报销多，农村报销少（结果）	45.5	39.7	50.8
从农村移居到城市养老保险关系不能连接起来（过程）	27.5	34.5	21.1

6.2.4 对不公平状态的归因与公平预期的评估

目前，城乡社会保障差距是客观现实，对造成城乡社会保障差距的原因上，课题组通过设计选项区别起点公平和过程公平的归因，将制度设立时间归于起点

公平阶段,将筹资水平的影响因素归属于过程公平阶段。调查结果显示(见表6-15),整体上第一归因是城乡居民的个人收入差距大(35.2%),其次是国家对农村社会保障财政补贴不够(27.9%)。城乡居民归因认识呈现差异,城镇居民选择最多的是城乡收入差距(37.0%)和制度缺失(24.4%)两项,分别对应过程和起点因素;而农村居民选择最多的是城乡收入差距(33.4%)和财政补贴不够(32.7%)两项,对应的是过程因素。这种归因反映了城乡居民对过程公平重要性认识的一致性,城镇居民对制度缺失(起点公平)重要性认识的持续性;而农村居民在现阶段相关制度建立后,对制度缺失的影响已经不再关注,关注的重点已经转移到过程公平阶段,结合上文的调查结果(见表6-14)发现,农村居民关注重点是回报,却对自身投入没有一个客观认识,因此社会保障制度设计理念仍然没有深入人心。

表6-15 社会保障不公平状态的归因选择比例　　　　　单位:%

选项	整体	城镇	农村
社会发展规律决定了农村起步较晚	18.6	19.0	18.1
城乡居民的个人收入差距大(过程)	35.2	37.0	33.4
农村较长时间缺少养老保险、医疗保险等制度(起点)	22.3	24.4	20.4
国家对农村社会保障财政补贴不够	27.9	22.8	32.7

在个体通过社会认知收集信息,找寻依据筛选信息,然后整合信息做出判断,最终会形成一种预期,这种趋势预期是城乡居民对未来城乡社会保障公平判断的延伸,反映了城乡居民对未来发展前景的信心,也决定着社会保障制度的公信力。调查显示(见表6-16),有46.4%的城乡居民认为城乡差距会缓慢缩小,城镇过半数的居民认为会缓慢缩小。对比2009年和2013年调查数据,认为缓慢缩小的比例提高显著,说明城乡居民未来公平性预期较好,反映了最近几年农村社会保障制度相继建立,财政投入不断加大,城乡社会保障公平性得到一定改善。

表6-16 社会保障公平预期的选择比例　　　　　单位:%

选项	2009年			2013年		
	整体	城镇	农村	整体	城镇	农村
快速变大	7.1	12.5	1.4	5.7	5.9	5.4
缓慢变大	8.5	13.1	3.7	12.0	12.5	11.6
保持现状	12.6	11.9	13.4	13.0	10.3	15.4

续表

选项	2009 年			2013 年		
	整体	城镇	农村	整体	城镇	农村
缓慢缩小	39.8	35.7	44	46.4	50.4	42.7
快速缩小	23.7	23.8	23.6	8.7	9.0	8.4
不清楚	8.3	3	13.9	14.3	11.9	16.6

6.3 结　论

综合以上公平认知结构的调查数据分析，得到如下结论：

（1）社会保障制度已经是公民不可或缺的一项社会制度。社会保障制度的存在是社会保障制度系统运行的起始，只有认可了制度，社会保障制度才具备社会价值和活力，才能产生发展动力。调查结果显示了居民在社会保障制度中受益的比例显著提升，但社会保障制度政策解释力度需要强化，重要性的深入人心需要加强；城乡居民对养老保险、医疗保险的依赖性强，对两种制度的满意度较高，但提高满意度的水平任重道远；社会救助制度对农村居民的重要程度远大于城镇居民。

（2）城乡居民社会保障过程与结果的一致性认识需要提高，对社会保障政策了解不够。调查发现城乡居民对社会保障制度公平的判断往往会比较关注结果的状态而忽略形成结果的过程，背离了收益应该与它的贡献成比例公平原则；城乡居民对公平的判断标准缺乏正确认识，政策解读的宣传力度也有欠缺；居民整体上对社会保障知识的了解主要来源于电视、报刊、网络以及和周围人的交谈两类主渠道，城镇居民除以上两类主渠道外，单位的通告或通知也是很重要的渠道。

（3）社会保障公平性不断提升，城乡居民公平合意水平存在差距。居民对社会保障公平的认识通过认可已经存在的社会保障制度，进而去了解相关内容，最终形成居民对社会保障制度社会公平与否的价值判断。调查结果显示了社会保障的公平状态在不断好转，但仍然存在失衡和民怨；城乡之间社会保障资源配置矛盾仍然存在，矛盾的焦点依然集中在医疗社会保险和养老社会保险；虽然居民对城乡不公平有一定认识，但了解有限；城乡差距的合意水平为 1.98∶1，农村居民更倾向于城乡差距更小化。

（4）城乡居民对社会保障不公平的归因有所差异，对未来公平状况的改善预期良好。目前，城乡社会保障差距是客观现实，调查结果显示整体上第一归因是城乡居民的个人收入差距大，其次是国家对农村社会保障财政补贴不够；城乡居民归因认识呈现差异；社会保障制度未来公平趋势上呈现经济发展趋势，认为城乡差距会缓慢缩小的比例上升。

（5）社会保障设计理念需要强化舆论引导。居民的不公平感主要原因是对政策和国家经济形势的认识不足造成的，尤其是对新政策有种不确定预期，只有让国民深切认知到社会保障确确实实存在远期收益，才能增强认同感，社会保障政策才能进入良性循环。调查结果显示需要充分发挥舆论的作用，利用电台、报刊、电视台等新闻媒体加强政策解读宣传力度，开展全方位、多层次、多种形式的政策宣传解读活动，让国民清楚认识到社会保障的益处，让城乡居民认识国家的经济形势，了解国家目前正增加农村社会保障投入，极力消除差距，增强对未来的信心。

7 社会保障经济公平非均衡发展的国际经验

自德国 1883 年公布《疾病社会保险法》后,社会保险制度在各工业国家迅速蔓延。1935 年美国颁布《社会保障法》后,东西方发达国家在各自经济理论、实施的经济政策和社会政策影响下,领先于其他国家对社会保障制度模式进行探讨。由于他们社会保障制度的发展历史长、保障完备、制度健全,在促进经济发展、维护公平正义和调节收入分配等方面发挥重要作用,因此发达国家的社会保障制度模式及实施方式也历来为我们国家和学术界关注、研究和借鉴。本章以美国、德国和日本 3 个国家社会保障的经济公平发展进程实践为代表,分析总结这 3 个国家城乡、区域社会保障公平均衡发展的经验规律及对我国的启示。

7.1 比较国家、指标选择与概念界定

7.1.1 比较国家的选择

从制度安排的视角出发,社会保障模式类型可以划分为福利国家模式、投保—资助模式、强制储蓄积累模式和国家保障模式[①]。从中国目前实施的社会保障模式基本特征出发,其制度基础是投保—资助模式,但结合中国特点有所变化,因此本书在分析国际上发达国家社会保障模式实践中,选择与中国社会保障模式相近的美国、德国和日本作为比较对象,其中,德国是最早建立现代社会保障制度的老牌发达国家,美国是世界上经济实力最强和最大的发达国家,日本是在传统文化和习俗与中国相近的邻国。这样的样本选择,能较好地利用发达国家

---

① 国家保障模式始于苏联,后被其他社会主义国家仿效推广,但这种模式在苏联解体和东欧国家剧变后被摒弃。

发展社会保障体系的经验，客观评估我国社会保障发展的方向性。3个国家中与社会保障发展相关程度较大的基本国情特征（包括国土面积、人口、就业、经济、财政、城镇化程度和收入分配等）与中国的对比如表7-1所示。

表7-1 美国、德国、日本和中国的基本国情比较

国家	美国	德国	日本	中国
国土面积（万平方公里）	983.2	35.7	37.8	960.0
人口规模（万人）	30905.1	8170.2	12745.1	133830.0
人口密度（人/平方公里）	33.6	234.9	350.0	142.8
三次产业就业人数比（总量=100）	1.5:19.9:78.6	1.7:28.7:69.5	4.2:27.3:67.3	34.8:29.5:35.7
GDP总量（亿美元）	145824	33097	54978	58786
三次产业增加值比（总量=100）	1.2:21.4:77.4	0.8:26.5:72.7	1.5:28.0:70.5	10.0:46.6:43.4
人均国民总收入（美元）	47240	43290	42130	4260
中央政府财政收入/GDP（%）	15.9	29.4		20.12
城市人口比重（%）	82.3	73.8	66.8	44.9
GINI系数	0.41	0.28	0.25	0.42
收入最高20%/收入最低20%	8.42	4.33	3.37	8.34

注：（1）国土面积、人口密度和"中央政府财政收入/GDP"对应为2009年数据。
（2）人口规模、城镇化率、GDP总量、人均国民总收入数据对应为2010年数据。
（3）GINI系数数据中，美国、德国对应为2000年数据，日本对应为1993年数据，中国对应为2005年数据；"最高收入20%/最低20%"数据年份与GINI系数年份对应。
（4）三次产业就业人数比、三次产业增加值比2个指标数据中，美国和日本数据为2008年，德国为2009年，中国为2011年。

资料来源：世界银行WDI数据库（World Bank WDI Database）。中国部分数据来源于中国统计年鉴，日本"中央政府财政收入/GDP"来源于日本统计年鉴。

（1）美国。美国国土面积与中国相当，是当今世界上经济实力最强的国家和第一大经济体，2010年GDP总量（当年价格）145824亿美元，约是中国的2.5倍，人均国民总收入是中国的11.1倍，而人口仅为中国23.1%。美国的城镇化程度很高，为82.3%，贫富差距大，收入最高20%人口群体的平均收入是最低20%人口群体人均收入的8.4倍，GINI系数0.41，同中国一样在联合国警戒线以上但低于中国。美国是一个移民国家，人口由许多不同民族构成，社会融

合和社会认同程度不如西欧许多单一民族国家。美国也深受新教伦理①（Protestant Work Ethic）和自由放任经济哲学的影响，强调发挥个人力量和个人承担责任，崇尚个人奋斗。形成了理性主义（包括技术理性、人本精神等）的主导文化，产生了博爱、尊重、自由、平等、民主、公义等价值观。在个人自由和"小政府大市场"的影响下，产生于 1929 年经济大萧条背景中的美国社会保障制度发展广泛调动了市场机制和个人责任，经过 70 多年的发展历程，目前基本建立了一套较完整的社会保障制度安排。

（2）德国。德国国土面积 35.7 万平方公里，是发达的工业国，是世界第四大国民经济体（2008 年被中国超越，之前是世界第三），2010 年 GDP 总量（当年价格）33097 亿美元，人均国民总收入是中国的 10.2 倍。德国国土面积比中国比较发达的江苏、上海、浙江、福建 4 省域面积之和（33.22 万平方公里）略大，GDP 总量是 4 省之和（13592 亿美元）的 2.4 倍，人均 GDP 是 4 省均值（7042.6 美元）的 5.8 倍。德国东西部发展差距较大，经过 20 余年的努力，不均衡程度显著改观，收入差距比较平均，收入最高 20% 人口群体的平均收入是最低 20% 人口群体人均收入的 4.3 倍，GINI 系数为 0.28。德国是世界上第一个以社会保险立法实施现代社会保障制度的国家，建立起涵盖社会所有公民生老病死全过程以及养老、失业、教育和住房等在内的社会保障体系，是目前世界上社会保障制度最为完善的国家之一。

（3）日本。日本国土面积 37.8 万平方公里，是亚洲经济最发达的国家，是世界第三大国民经济体（2010 年被中国超越，之前是世界第二），2010 年 GDP 总量（当年价格）54978 亿美元，人均国民总收入是中国的 9.9 倍。日本国土面积比中国东部发达省份浙江、福建、广东 3 省域面积之和（40.33 万平方公里）略小，GDP 总量是 3 省之和（11900 亿美元）的 4.6 倍，人均 GDP 是 4 省均值（6083.3 美元）的 7.1 倍。日本收入分配状况良好，收入最高 20% 人口群体的平均收入是最低 20% 人口群体人均收入的 3.37 倍，GINI 系数为 0.25。日本社会保障制度形成确立在第二次世界大战以后，制度覆盖面广，项目多元，是亚洲社会保障体系最为完备的国家。

7.1.2 比较指标与数据说明

由于每一个国家在解决社会保障问题时各自存在不同的历史背景，且社会保

---

① 新教伦理全称基督新教工作伦理，是一个关于西方基督新教的社会和经济理论概念，最早由马克斯·韦伯在《新教伦理与资本主义精神》中提出。它强调努力工作是一个人的使命，勤奋工作是一种光荣的标志，世俗的成功可以作为个人超度的一个标志。基督新教占主导的地区主要有北欧、德国、英国、美国、加拿大等。

障发展的历史时间较长，完备统计数据获得存在一定难度。考虑美国、德国、日本3国社会保障资料和数据的可得性，在评估指标的选择上侧重于考察对社会保障权利分配和社会保障制度本身经济公平的评估，非均衡的程度主要以权利评估为主，对于以货币形态表现的非均衡尚无法作较多表述。因此，根据3个国家社会保障的制度特征，首先选择社会保障水平和社会保障财政收入水平对社会保障作整体评价，然后选择社会保障项目城乡设立时间差异、养老、医疗保险制度覆盖各群体的时间进程指标对3个国家起点和过程公平的非均衡发展经验分析评估。

7.1.3 概念界定

选取美国、德国、日本作为实证分析的样本，但我国与这些发达国家的社会保障体系存在诸多差异。因此，在按照本书对狭义社会保障（见7.1.2节）的范围界定，为更方便地比较分析，必须使这3个国家社会保障支出的统计口径（见表7-2）大致相当，以保证数据的可比和一致。

表7-2 美国、德国和日本的社会保障支出统计口径比较

国家	社会保障口径范围	包含内容说明
美国	1. 社会保险	包括面向低收入群体的老年、残障、遗属保险、公共退休养老保障、雇主退休养老保障、医疗保障、失业保障、工伤与残障保险
	2. 社会救助	生活保障救助
	3. 公共资金援助项目	医疗援助、教育培训、营养援助、低保住房、非公民福利等
德国	1. 社会保险	社会保险包括养老保险、医疗保险、母亲保护（生育保障）、就业促进（失业保险）、工伤事故保险、护理保险
	2. 社会补贴	包括家庭负担补贴、住房金
	3. 社会救助	特殊生活阶段救济、生活费救济
日本	1. 社会保险	包括养老保险（国民年金、厚生年金、各种共济年金）、医疗保险、失业保险（一般失业保险与船员失业保险）、劳动灾害补偿保险、护理保险
	2. 社会救济	对贫困家庭和生活保障线以下的贫困者提供经济救济
	3. 社会福利	老人福利、残疾人福利、精神病患者福利、儿童福利、女性福利
	4. 公共卫生与保健	（1）对结核病、精神病、传染病患者提供的卫生医疗服务 （2）中年人保健、老人医疗保健服务

注：（1）范围中均没有列示社会保障包含的补充商业保险等相关内容。
（2）日本社会保障制度中没有包含军人优抚（对伤残军人及军烈属的经济援助）、战争受害者救济（对战争受害者提供经济与医疗援助）等保障项目。

7.2 社会保障经济公平非均衡发展的国际实践

首先对美国、德国和日本社会保障整体发展水平做简要分析后，考察3个国家社会保障从经济公平的不均衡到均衡的发展路径。

7.2.1 社会保障整体发展水平

笔者根据可获取的相关统计资料将美国、德国和日本社会保障整体发展与人均国民收入水平数据整理如表7-3和表7-4所示。

美国自1900年成为第一大工业国，工业产值占到世界的30%。20世纪30年代经济大萧条带来大量产业工人失业，为应对经济灾难，罗斯福政府开始实施凯恩斯主义，加大国家干预经济力度，以1935年《社会保障法》为标志，美国社会保障项目不断健全与完善，覆盖面不断扩大。受新教伦理、理性主义和自由经济思想影响，美国社会保障责任一直强调个人力量和个人承担责任，而且美国还是少数几个没有全国医疗保险体系的发达国家之一。20世纪80年代美国人均国民总收入在万美元以上时，社会保障占GDP的比重仅有6.8%，至2000年才提高至14.46%，社会保障税占财政收入的比重为33.1%，此时人均国民总收入已经达到34410美元。至2007年，人均国民总收入为46890美元，社会保障水平为16.20%，社会保障税占财政收入的比重为34.96%。高度发达的美国并没有像发达的欧洲国家一样为全民提供较高水平的社会保障。

德国经济发展自19世纪50年代起，第一次工业革命推动了超强的发展速度。"工业生产在这一时期以年均7.5%的增长速度发展，居欧美各资本主义国家之首"（Dietrich Orlow[①], 1995），工业化和经济财富的积累为社会保障发展创造了条件。第二次世界大战以后，德国社会保障制度内容日臻完善，社会保障在国民经济中的地位不断提高，虽然20世纪70年代爆发的石油危机结束了德国的"经济奇迹"，但社会保障占GDP的比重已经提高至12.7%，2000年上升至26.56%，社会保障税占财政收入的57.25%。为了应对人口、家庭结构变化、失业、全球化、欧洲一体化对社会保障的不良影响，自20世纪90年代起逐步进行制度调整，减轻国家责任，降低社会保障水准，经过持续逐步的改革和相关利益的融合，2004年社会保障水平达到27.23%，社会保障税占财政收入比重达到

---

① Dietrich Orlow. A History of Modern Germany: 1871 to Present. New Jersey, 1995: 52.

59.24%后缓慢下降,但仍然是福利水平较高的国家(2007年社会保障水平25.16%,2009年社会保障税占财政收入的57.25%)。这种较高水平的社会保障同样是以高水平的社会财富为基础,自20世纪70年代人均国民总收入超过万美元以来,2009年已经达到42560美元,是中国2010年4260美元的10.2倍,因此,中国社会保障水平的提高仍需要长期的财富积累。

表7-3 美国、德国社会保障整体发展与人均国民收入水平

单位:%,美元

指标 年份	美国			德国		
	社保支出/GDP	社会保障/财政收入	人均国民总收入	社保支出/GDP	社会保障/财政收入	人均国民总收入
1970~1975	7.50	—	—	12.70	—	—
1980~1985	6.80	—	13030~16270	13.10	—	14150~10560
1994~2000	5.40	34.6①	28150~31910②	16.90	53.4①	25580~25620③
2000	14.46	33.1①	34410	26.56	57.25	25510
2004	15.88	39.43	41440	27.14	59.24	30690
2005	15.83	36.57	44030	27.23	58.22	35050
2006	15.99	35.24	45410	26.15	56.91	37300
2007	16.20	34.96	46890	25.16	54.94	39370
2008	—	38.68	48190	—	54.74	42800
2009	—	41.64	47240	—	57.25	42560

注:①1994~2000年美国和德国"社会保障/财政收入"对应为1990年数据,2000年美国"社会保障/财政收入"对应为2001年数据。
②美国人均国民总收入对应1995~1999年数据。
③德国人均国民总收入对应1994~1999年数据。
资料来源:(1)2000年以前"社保支出/财政收入"数据来源于世界银行《世界发展指标·2004年》(World Bank World Development Indicators 2004),2000年以后的"社保支出/财政收入"、人均国民总收入数据来源于世界银行WDI数据库(World Bank WDI Database)。
(2)2000年以前"社保支出/GDP"数据来源于世界银行《世界发展指标·2004年》(World Bank World Development Indicators 2004),2000年以后的"社保支出/GDP"数据来源于经合组织OLIS数据库(OECD OLIS Database)。

日本在第二次世界大战以后经济也出现快速的发展,1950~1973年超常增长,人均收入、人均GDP年均增长超过8%。1950~1999年人均GDP几何平均

增长率①为4.9%,同期的美国为2.2%,西欧为2.9%。社会保障项目伴随着经济高速增长不断扩充和发展,社会保障水平不断提高,虽然在1973年的石油危机中经历了社会保障财政负担压缩、国家负担向地方政府、个人和参保者转移,但在20世纪70年代后期人均国民总收入进入万美元后,1980年的社会保障水平提高到12.19%,并不断上升且高位运行,至2005年达到23.91%的水平,此时的人均国民总收入达到38910美元。从社会保障的项目结构看,20世纪80年代以来,养老保障占据社会保障水平的一半以上,养老、医疗保障资金几乎构成社会保障资金的全部。

表7-4 日本社会保障整体发展与人均国民收入水平　　　单位:%,美元

指标 年份	社保支出/GDP	分类别占GDP比重			人均国民总收入
		医疗	养老	其他	
1975	9.49	4.61	3.13	1.75	—
1980	12.19	5.28	5.14	1.77	10390
1985	13.67	5.47	6.47	1.73	10950
1990	13.56	5.28	6.90	1.38	26400
1995	17.29	6.43	8.95	1.92	39720
2000	21.01	6.99	11.08	2.94	34620
2003	23.53	7.43	12.51	3.59	33860
2004	23.69	7.48	12.54	3.67	37050
2005	23.91	7.65	12.59	3.68	38910

资料来源:(1)"社保支出/GDP"和分类别占GDP比重数据根据国立社会保障·人口问题研究所(National Institute of Population and Social Security Research)相关数据计算得出,数据载于总务省统计研修所:日本统计年鉴2009年·总务省统计局发行。
(2)2000年以前人均国民总收入数据来源于世界银行《世界发展指标·2004年》(World Bank World Development Indicators 2004),2000年以后数据来源于世界银行WDI数据库(World Bank WDI Database)。

按照世界银行WDI数据库数据,中国2000年人均国民总收入是930美元,2005年是1740美元,至2010年达到4260美元。按照笔者界定狭义社会保障支出范围计算2010年社会保障支出占GDP的比重为6.68%,其中城镇6.15%,农村0.53%,按照城乡分割的GDP计算,城镇为9.06%,农村为1.64%。按照美

---

① 安格斯·麦迪森.世界经济千年史[M].伍晓鹰等译.北京:北京大学出版社,2003(11):133-134.

国、德国和日本的经济发展历程,德国在1953年人均GDP为4900国际元①;美国1950年为9561国际元②;日本在20世纪60年代进入该区间范围③,对应社会保障水平为5.98(1965年水平)。虽然笔者未能找到准确的德国和美国对应年份社会保障水平数值,但按照数据的平滑估计,中国目前整体的社会保障水平已然较好,问题的关键在于内部分配不公平,城乡、省际和群体之间的社会保障资源分配差异过大,发展极不均衡。

7.2.2 起点公平的非均衡比较

社会保障系统对人口群体的制度覆盖分配的是权利,反映在起点公平中,笔者将美国、德国和日本3国的社会保障制度中城镇和农村保障项目设立时间点梳理归纳如表7-5所示,以此对比反映3个国家社会保障制度覆盖城乡居民的公平推进的非均衡发展历程。

表7-5 美国、德国、日本城乡社会保障保障项目设立时间点

国家	保障项目	城镇法规设立与时间	农村法规设立依据与时间	备注
美国	养老保障	1935年《社会保障法》将除铁路之外的所有65岁以下工商业职工纳入美国老年社会保障制度	1950年将正常受雇的农场职工纳入,1954年《社会保障法修正案》把老年保险扩大到农场自谋职业者、其他一般农场雇员	覆盖范围经过逐步扩大,至1990年实现制度全覆盖
	医疗保障	1965年《社会保障修正案》建立65岁以上老年人健康保险制度,1973年起将年龄未满65岁的残疾人和严重肾衰竭患者纳入	1965年《社会保障修正案》建立65岁以上老年人健康保险制度,1973年起将年龄未满65岁的残疾人和严重肾衰竭患者纳入	以具有公共性质的老年和残障健康保险设立时间比较

---

① 国际元(Geary - Khamis Dollar)是多边购买力平价比较中将不同国家货币转换为统一货币的方法,由爱尔兰经济统计学家R.G. Geary创立,是一种平衡各国货币在贸易中出现的货币价值差值的工具,是独立于主权国货币的虚拟交易货币,在国际宏观经济的比较研究中被广泛应用。本书数据使用美元为计价单位,通过对比近年的数据发现国际元计量和美元计量的数据值大致相当,因此采用此计量单位分析说明问题。

② 美国和德国数据见:安格斯·麦迪森. 世界经济千年史[M]. 伍晓鹰等译. 北京:北京大学出版社,2003(11):274-277.

③ 安格斯·麦迪森. 世界经济千年史[M]. 伍晓鹰等译. 北京:北京大学出版社,2003(11):135-136.

续表

国家	保障项目	城镇法规设立与时间	农村法规设立依据与时间	备注
美国	失业保障	1935年《社会保障法》将失业保险列为工商企业雇员	1976年失业保险覆盖范围扩展，规定一年中20周内雇用10人以上雇员或者支付季度工资总额超过20000美元的农场主必须为雇员提供失业保险	
	工伤与残障保险	1908年联邦政府为从事危险工作的雇员提供	1916其他雇员加入联邦政府的该项目	州项目始于1911年，1948年所有州建立
	社会救助	1996年"个人责任和工作调解法案"（PRWORA）	1996年"个人责任和工作调解法案"（PRWORA）	以贫困家庭临时援助比较
德国	养老保险	1889年《老年和残障社会保险法》（1891年实施）	1957年《农民老年年金保险法》	
	医疗保险	1883年《疾病社会保险法》	1911年《社会保险法典》将农业和林业雇员纳入，1972年《农民医疗保险法》将自由农业者纳入	生育保障包含在女性医疗保障中
	就业促进（失业保险）	1927年《就业安置和失业保险法》	1927年《就业安置和失业保险法》	
	工伤保险	1884年《工伤事故保险法》（1885年生效）	1886年5月《关于农业企业中被雇用人员工伤事故保险法》	
	护理保险	1994年《护理保险法》	1994年《护理保险法》	
	社会救助	1962年《联邦社会救助法》	1962年《联邦社会救助法》	
日本	养老保险	1954年《厚生年金保险法》（旧《厚生年金法》颁布于1944年）	1959年《国民年金法》（1961年实施），1970年《农业者年金法》专门为农业者立法	
	医疗保险	1922年《健康保险法》	1958年《国民健康保险法》（1959年实施）	
	失业保险	1948年1月颁布《失业补助法》、《失业保险法》	无	
	劳动灾害补偿保险	1947年4月《劳动标准法》	1959年《农林渔业团体职员共济组合法》	

续表

国家	保障项目	城镇法规设立与时间	农村法规设立依据与时间	备注
日本	护理保险	1997年《护理保险法》（2000年实施）	1997年《护理保险法》（2000年实施）	
	社会救济	1946年《生活保护法》	1946年《生活保护法》	

注：（1）制度设立时间比较均以各国现代意义上的"社会保障"为起点考察。

（2）表中设立时间点比较的3个国家社会保障项目与表7-3中所列示项目略微有出入，主要是以社会保险和社会救助项目的立法时间比较。

（3）由于美国、德国和日本3个国家的经济制度建立在资本主义私有制基础上，农村土地私有化，土地的经营多是农场主雇用农民的经营方式，因此表中比较将失业、工伤、护理保险等保障项目列入一起比较。

资料来源：（1）美国养老保障资料来源于 Geoffrey, Kollmann. Social Security: Summary of Major Changes in the Cash Benefits Program. washington, D. C., Congressional Research Service & the Library of Congress, May 18, 2000；其他资料根据"周弘：30国（地区）社会保障制度报告. 中国劳动社会保障出版社，2011"、"李超民，美国社会保障制度 [M]. 上海：上海人民出版社，2009"整理。

（2）德国资料根据"Harald Deisler. Die Alterssicherung der Landwrite, in: Franz Ruland, Bert Ruerup, Alterssicherung and Besteuerung, Betriebwirtschaftlicher Verlag Dr. Th. Gabler, 2008, S. 76ff."、"姚玲珍. 德国社会保障制度 [M]. 上海人民出版社，2009"、"和春雷（郑秉文主编）：当代德国社会保障制度 [M]. 法律出版社，2001"整理。

（3）日本资料根据"吕学静：日本社会保障制度 [M]. 经济管理出版社，2000"、"宋金文：日本农村社会保障 [M]. 中国社会科学出版社，2007"整理。

表7-5反映3个国家在解决城乡居民社会保障问题历程中，多数制度均有城乡时间差，一般是城镇先于农村设立。如美国的养老保险制度设立城乡相差15年，德国相差68年；德国医疗保险制度设立城乡相差28年，日本相差36年；美国失业保险制度城乡设立时间相差41年，日本农村无失业保障制度；美国工伤保障设立时间城乡相差8年，德国相差2年，日本相差12年。值得一提的是，3个国家对社会救助制度的时间安排城乡均是一致的，反映的对城乡贫困群体的一视同仁，体现了对弱势群体公民权利的维护。

以上分析了城乡两个区域整体上的制度安排时间进程，但社会保障制度的设立一般是从局部群体开始然后逐步推广的，为进一步反映城乡内部中的群体覆盖过程，笔者将养老保险制度的不同群体覆盖时间进程梳理如表7-6所示。

表7-6 美国、德国、日本养老保险制度覆盖群体推进过程

美国		德国		日本	
年份	纳入群体	年份	纳入群体	年份	纳入群体
1935	除铁路之外所有65岁以下工商业职工	1889	65岁以上退休老人、因伤残丧失劳动能力的人	1939	船员

续表

美国		德国		日本	
年份	纳入群体	年份	纳入群体	年份	纳入群体
1939	增加海员和银行雇员,去除了其他国内职工和食品加工业工人	1891	产业工人(不包括白领雇员)	1942	工厂工作的男性劳动者
1946	遗属	1911	白领雇员、遗属	1944	职员、女性劳动者
1950	农场职工、非农场业个体劳动关系者、退休体制外的联邦文职雇员、境外美国雇主的美国雇员、波多黎各和维京群岛人、非营利组织(不含牧师)雇员	1920	公务员、公共类部门从业人员(邮政、铁路等间接公共部门)	1954	私立学校教职员
1951	10以下服务期限的铁路职工	1938	手工业者	1956	公共企事业团体职员
1954	农场自谋职业者、专业自谋职业者(除律师、医生、牙医和其他医疗团体外)、其他农场雇员、参与老年保障的州与地方政府雇员(除消防员和警察)、牧师	1957	农民、军队士兵	1959	国家公务员、农林渔业职员
1956	穿制服的服务人员、其他专业自谋职业者(医生除外)、经过公投的部分州消防员和警察	1972	家庭妇女、自由职业者	1962	地方公务员
1965	实习医生、自谋职业医生、依靠小费生活者	1995	农场主配偶	1985	家庭专职主妇
1967	牧师、州消防员	—	—	1989	20岁以上学生、自营业者
1972	因宗教的贫困者	—	—	—	—

续表

	美国		德国		日本
年份	纳入群体	年份	纳入群体	年份	纳入群体
1983	1983年之后受雇联邦文职雇员、非营利组织雇员	—	—	—	—
1990	未参保的州与地方政府雇员	—	—	—	—

注：（1）德国公共类部门：由于邮政、铁路等机构或企业是国有性质，从业人员享受公务员待遇，所以这些部门从业人员是间接公共部门从业人员或公职人员。

（2）德国自由职业者也可称为独立从业者，包括医生、药剂师、建筑师、公证员、律师、税务咨询师、动物医生、审计师、牙医、心理医生及工程师等，最大特征是自我管理、自助帮助（Hilfe zur Selbsthilfe）。

资料来源：（1）美国资料来源于 Geoffrey, Kollmann. Social Security: Summary of Major Changes in the Cash Benefits Program. washington, D. C., Congressional Research Service & the Library of Congress, May 18, 2000.

（2）德国资料根据"丁易. 德国社会保障制度及其改革. 中国工业经济，1998（6）：第71~76页"、"和春雷. 当代德国社会保障制度. 法律出版社，2001"、"姚玲珍. 德国社会保障制度. 上海人民出版社，2009"、"Harald Deisler. Die Alterssicherung der Landwrite, in: Franz Ruland, Bert Ruerup, Alterssicherung und Besteuerung, Betriebwirtschaftlicher Verlag Dr. Th. Gabler, 2008, S. 76ff"整理。

（3）日本资料根据"吕学静. 日本社会保障制度. 经济管理出版社，2000"、"沈洁. 日本社会保障制度的发展. 中国劳动社会保障出版社，2004"、"坂胁昭吉，中原弘二. 现代日本的社会保障. 杨河清等译. 中国劳动社会保障出版社，2006"、"宋金文：日本农村社会保障. 中国社会科学出版社，2007"整理。

在医疗保险的起点公平方面。美国医疗健康保险通常指的是私营保险公司、政府基金支付的社会保险或者非保险型的社会福利计划[①]。政府基金支付的社会保险主要是指公共健康保险制度，服务对象是老年人、低收入家庭的儿童和具有享受医保待遇资格的家庭。其他医疗健康保险通常是由企业或个人购买，因此不是社会保险的代表性制度，不作为比较内容。对于德国的社会医疗保险制度覆盖群体推进过程如表7-7所示，从医疗保险萌芽（1854年4月10日颁布的《矿山、冶炼及盐场工人互助会的联合法》）起，至1981年实现全覆盖，共经历了127年，从现代社会保障制度形成的1883年起也经历了98年时间。

---

① 参见：US Census Bureau, CPS Health Insurance Definition, http://www.census.gov./hhes/www/hlthins/hlthinstypes.html, 2008-11-20.

7 社会保障经济公平非均衡发展的国际经验

表7-7 德国医疗保险制度覆盖群体推进过程

年份	纳入群体	年份	纳入群体	年份	纳入群体
1854	矿工	1917	失业人员	1953	难民和受到驱逐的人、严重残疾者
1883	蓝领工人、工匠、受雇律师、公证员、执行官的人员、工业合作组织	1919	公共合作部门和私有合作部门雇用人员、具有受雇工作部门能力的人员、自身没有收入者的妻子和儿女	1957	生理残疾者
1885	运输工人	1927	海员、教育和社会福利机构的工作人员	1972	自由农业工人
1892	金融办公室人员	1930	所有重要依附人员	1975	学生、所有残疾者
1911	农业和林业工人、保姆、钟点工	1938	助产士、从事护理和保姆工作的自由职业者	1981	艺术人员、评论作家
1914	公务员	1941	退休人员	—	—

注：(1) 德国蓝领工人系指盐场、加工厂、工厂、有色金属工厂、铁路公司、船运公司、造船厂、建筑公司、贸易公司、发电厂等企业工人。

(2) 德国工业革命的激励竞争催生了1854年4月10颁布了《矿山、冶炼及盐场工人互助会的联合法》，但从本质上说并不是严格意义上的社会保险，是针对矿工的一种具有互助性质的疾病保护，现代意义的医疗保险起源共识是1883年的《疾病保险法》。

资料来源：乌日图：医疗保险制度国际比较［M］．北京：化学工业出版社，2003．

对于日本医疗保险体系，其两大支柱是商业健康保险与国民健康保险制度（Tsuneo Tanaka[①]，1978）。健康保险包括政府和社团分别管理的两种健康保险模式，政府管理健康保险模式以中小企业及日工劳动者为保险对象，社团管理的健康保险模式以大企业雇员（含职工家属）为保险对象；国民健康保险则是以不享受上述保险的一般国民为保险对象（包括农民、个体经营者及退休者）。1922年《健康保险法》保障对象为企业从业人员及其家属，1927年扩大至工矿企业，1938年又将个体经营者和退休、离职者纳入，至1958年新的《国民健康保险法》颁布并于翌年实施，规定凡年满20岁的日本国民，均要加入这种强制性的医疗保险制度，至1961年基本实现了全覆盖，经历了39年时间。

---

① Tsuneo Tanaka, Medical Care in Japan, Yesterday, Today, and Tomorrow. Social Science & Medicine. Part A: Medical Psychology & Medical Sociology, 1978 (12): 479-483.

7.2.3 非均衡到均衡的实践

从前述制度的发展进程中看,起点公平均是从一个不均衡到均衡发展的过程,而对于结果方面的均衡性,各国也均采取了一定手段和方法,基于美国目前较高的 GINI 系数和贫富差距,可见其非均衡程度依然较大。日本的社会保障的均衡发展则是依靠制度的完善取得,以养老保险为例,养老保险基金统一纳入国库预算,由大藏省资金运营部列入国家财政投融资计划统一管理使用,部分城乡、区域居民,养老金待遇则是采取全体国民共同的基础年金制度,即"国民年金定额制+职域年金定律制",因此结果公平程度高。德国社会保障均衡程度同样较好,但 1990 东德和西德统一,两个地域的巨大差距造成了严重不均衡,本书中将东德和西德统一前后由非均衡向均衡的实践作阐述和评估,东德、西德经济社会差距的相关指标数据如表 7-8 所示。

表 7-8 1989 年德国统一前东部和西部与社会保障相关指标差距比较

单位:马克

指标 区域	GDP	人均 GDP	雇员月均工资	年人均净货币收入	社会保障金	社会保障金/GDP
东德	3534 亿	21500	1322	10200	188 亿	5.3%
西德	22370 亿	36300	3966	22500	4135 亿	18.5%
东德/西德	15.8%	59.2%	33%	45%	4.5%	29%

资料来源:联邦统计局:联邦德国统计年鉴. 威斯巴登,1990;根据"格琳德·辛恩,汉斯-维尔纳·辛恩. 冰冷的启动:从国民经济视角看德国统一. 晏扬译. 上海:上海三联书店,2012:251-254"整理。

从表 7-8 数据可以看出,统一之前德国东、西部经济和社会发展水平差距较大,国内生产总值东部为西部的 15.8%,人均 GDP 东部为西部的 59.2%;居民收入差距同样非常明显,雇员月平均工资西部是东部的 3 倍之多,年人均净货币收入西部是东部的 2 倍多;就社会保障发展水平看更是差距巨大,社会保障总费用东部仅为西部的 4.5%,社会保障金占 GDP 的比值东西部比值仅为 0.29。从这些数据看出德国东、西部整体上差距较大,统一后政府需要面对快速发展东部的压力和较大的财政转移负担。

为尽快缩小东、西部发展差距,统一后的德国联邦政府建立了"德国统一基金",西部为东部提供资金援助,优先提供资金项目是东部的社会保险经费(约占转移资金的45%①),弥补由于税收机构缺乏经验和专业技术以及由于引进西德税收体系影响的税收不足。1991年德国联邦政府推出了"振兴东部共同行动",向东部输入资金,为各种项目提供资金援助,包括地方政府基层组织的投资、住房现代化、创造就业计划、环境污染计划、生活费津贴和一项12%的投资津贴。另外还会从联邦部的预算中获得一些援助。西部一方面支持东部的经济发展和财富增长,同时对居民福利进行资金援助,经济的增长又是东部福利资金自供自给的源泉。对东部来说形成这样一种外部输入和自供自给提高的双管齐下良性互动。经过数年的发展,东、西部居民收入差距缩小,如表7-1所示,2000年德国GINI系数为0.28,反映了收入平均程度。从社会保障方面看,东、西部的差距也在逐渐缩小。表7-9中反映了1991~2000年10年间东部社会保障费总额的增长状况和西部向东部转移的社会保障费情况,除1999年以外,西部向东部转移的社会保障费占东部社会保障费总额的比值均在20%以上。

表7-9 1990~2007年德国东部和西部社会保障均衡发展进程

单位:百万马克,马克,%

指标 年份	东部社会保障费总额	西部向东部转移金额	转移金额/东部社保费总额	西部养老金现值提高比例	西部养老金现值提高后数额	东部养老金现值提高比例	东部养老金现值提高后数额
1991	115886	24600	21.23	—	—		
1992	162315	43005	26.49	2.87	42.63	11.65,12.73	23.57,26.57
1993	180509	48340	26.78	4.63	44.49	6.1,14.12	28.19,32.17
1994	186395	40058	21.49	3.39	46.00	3.64,3.45	33.34,34.49
1995	197562	39808	20.15	0.5	46.23	2.78,2.48	35.45,36.33
1996	209503	44986	21.47	0.95	46.67	4.38,1.21	37.92,38.38
1997	209629	44534	21.24	1.65	47.44	5.55	40.51
1998	219036	45738	20.88	0.44	47.65	0.89	40.87
1999	230158	45150	19.62	1.34	48.29	2.79	42.01
2000	235826	50545	21.43	0.6	48.58	0.6	42.26
2001	—	—	—	1.91	49.51	2.11	43.15

---

① 格琳德·辛恩,汉斯-维尔纳·辛恩. 冰冷的启动:从国民经济视角看德国统一[M]. 晏扬译. 上海:上海三联书店,2012.

续表

指标\年份	东部社会保障费总额	西部向东部转移金额	转移金额/东部社保费总额	西部养老金现值提高比例	西部养老金现值提高后数额	东部养老金现值提高比例	东部养老金现值提高后数额
2002	—	—	—	2.16	25.86	2.89	22.70
2003	—	—	—	1.04	26.13	1.19	22.97
2007	—	—	—	0.54	26.27	0.54	23.09

注：（1）2002年后折算为欧元表示。

（2）东部养老金提高比例和东部养老金提高后数额中出现2个数据者为这些年份在一年之中调整2次。

（3）养老金现值是一个变动的养老金计算因子，它可以确保每年工资变化时养老金也同样能作出相应调整，反映的是一名平均工资水平的雇员每投保1年所得到月养老金水平，并且每年都随着雇员平均工资的变化有所不同。

资料来源：东部社会保障费总额、西部向东部转移金额数据来源于 Adalbert Uelner. "Sozialleistungdynamik in West – und Ostdeutschland". Institut Finanzen e. V.，Bonn, im Mai 2002, die IFST – Schrift No. 396, S. 109；东、西部养老金现值提高比例、现值提高后数额数据根据 Franz Ruland. "die Systeme der Alterssicherung". in Franz Ruland, Bert Ruerup, Alterssicherung und Besteuerung, Betriebswirschaftlicher Verlag dr. Th. Gabler, 2008, S. 57 整理而得。

再以德国公共养老保险说明，包括法定养老保险、农场主养老保险、公务员养老保险和独立从业者养老保险，养老基金采取全国的统一的费率以税收形式收取，现收现付基金模式，政事分开管理，社会养老保险事业由社会承担，独立预算，政府补贴。东、西部统一后实行全国统一的养老保险制度，为了更快地使东部达到或者接近西部生活水平，联邦政府开始了长期的养老金额提高进程。如表7-9所示，自1992年以来，东部养老金现值提高比例始终远高于西部，而且在1992~1996年的5年间，东部每年提高调整养老金现值2次，至1997年差距已经较小，2000年以后东、西部的提高比例才有所缩小，养老金现值已经比较接近。对比1991年和2000年东、西部的法定养老保险资金来源增长率，10年间东部增长率为305.07%，西部增长率为143.91%，东部是西部的2倍多。在政府的强力推动下，德国东、西部养老金由严重的不均衡到均衡经过的时间较短，经验值得借鉴。

7.3 实践与发展规律

由于美国、德国和日本3个国家的社会保障制度均是采用的投保—资助型模式，虽然两两之间均存在一定差异，各自结合国情和经济社会环境作出不同的制度设计选择，但总体上看，美国和德国同属西方发达国家，同受基督新教工作伦理影响，形成博爱、尊重、自由、平等、民主、公义的价值观，主导文化是理性主义（技术理性、人本精神等），两国经济发达，政治背景也存在很多相似相近之处，社会保障强调全民共享，但个人责任需要承担一定责任。而日本是亚洲最发达的国家，和中国同属东亚文化、经济圈，受儒、释、道的传统文化影响深刻，形成孝、悌、忠、恕、礼、知、勇、恭、宽、信、敏、惠等文化价值观，社会基本构成单位是家庭，社会保障理念中家庭互助和国家责任受倚重，因此，西方社会保障非均衡到均衡发展的实践规律开阔我们的视野，日本的实践经验将带给我们更多的借鉴和启发。本书将3个国家的社会保障经济公平非均衡发展的实践规律总结如下。

7.3.1 起点公平的非均衡发展规律

发展规律将主要结合社会保障中最大的保障项目且在中国最具争议焦点的养老保险和关系每一个人身体健康的医疗保险举例说明。

（1）区域权利分配：先城后乡。

无论地处东亚的发达国家日本还是地处欧美的发达国家德国和美国，其社会保障政策均是一种渐进式的推进，在城乡区域的权利分配中一般都是遵循先城市后农村、先工业从业人员后农业从业人员的发展步骤和路径，这种先易后难的社会保障推行思路能最大程度、最有效率地把不同人群纳入社会保障保障网，虽然权利分配之初会产生一定的权利不公平，但这种权利分配方式符合以有限的资源满足国家、社会和国民最大效用的原则。

（2）群体权利分配：主要矛盾和工人优先。

从社会保障形成过程中与社会矛盾的关系看，社会保障制度的出台一般是为优先解决社会矛盾中的主要矛盾建立起来的，并根据社会主要矛盾的不断转换和国家的富裕程度的提高逐步纳入各类群体。在形成初期一般是优先解决劳资矛盾中的工人群体和经济社会矛盾中的就业问题。德国的现代社会保障制度很大程度上是社会各方力量斗争的结果，也是有史以来最大规模的工人运动①的成就。美国是为了解决1929年经济大萧条产生的大规模工人失业问题建立的，因为当时美国的工业人口已经占到美国劳动人口的78%，失业是当时社会的最主要矛盾。

---

① 1889年5月1日爆发了德国工人运动史上著名的煤矿工人大罢工，至5月14日有近90000名煤矿工人参加罢工，规模和人数创历史之最，在镇压无果的形势下，帝国议会不得不作出让步，5月24日，帝国议会以185∶165票的微弱多数通过了《老年和残障社会保险法》，同年6月22日公布，1891年1月1日正式生效。

日本第二次世界大战后面临的最主要社会矛盾是战争带来的大量失业和贫困问题。从社会保障制度内部结构上看，一般是优先建立老人、儿童和贫困人群的保障（社会救助），而后建立一般人群的保障（社会保险），在一般人群社会保障建立过程中又是生存于组织单位的就业人员早于灵活自雇就业人员的解决，这也同投保资助的社会保障类型特征有关，该类型是收入依赖型，存在于组织单位中人员相对集中，管理有序，推行起来方便高效；而灵活就业人员分散，管理难度大，推行时点相应要晚于有组织单位人员。

7.3.2 过程公平的非均衡发展规律

（1）筹资安排：政府承担自雇者较高份额。

由于美国当前的养老保险制度有一定歧视人群和中产阶级性质①（Friedman, Milton and Rose Friedman, 1980; Rothenburg, 2005），且没有全民医疗保险制度，筹资安排的比较将以德国和日本实践说明。德国养老保险除医生、药剂师、建筑师、公证员、律师、税务咨询师、动物医生、审计师、牙医、心理医生及工程师加入独立从业者保险以外，其他所有的独立从业者全部加入法定养老保险，其资金来源于雇主、雇员缴费和国家补贴，国家主要补贴缺口和独立从业者，2006年国家补贴养老保险支出金额占养老保险总支出的24.3%②；对于农场主养老保险，当单个农场主年收入不超过15500欧元，或者夫妇俩年收入不超过31000欧元，就有权申请国家补贴资助。日本的医疗保险制度中，国民健康保险与健康保险之间相互独立，其国民健康保险的参保者多数为收入相对较低的农民，政府则对该保险项目基金的财政支持较大，1998年国库负担国民健康保险费占43.5%③，根据日本统计年鉴④（2009），2005年国库和其他公共支出负担约占国民健康保险费的45.6%；政府管理的健康保险对象是中小企业职工，因该群体收入水平较高则其保费收入在总费用支出的比重较大，国库负担较少；社团管理的健康保险的参保对象是大企业雇主和职工，该群体的收入最高，保险费用支出基本依靠保费收入，国库提供很少的定额补助。例如：2005年政府管理健康保险费收入构成⑤为：保险费87.3%，国库负担12.4%，其他0.3%；社团管理健康保险费收入为：保险费93.3%，国库负担0.2%，其他6.5%。

（2）制度设计：结构差异，统筹考虑。

---

① Friedman, Milton and Rose Friedman. Free to Choose, New York: Harcout, Brace, Jovanovich, 1980: 102-107. Rothenburg. Eric Social Security: A Macroeconomic Issue. The CPA Journal. APRIL 2005.
② 姚玲珍. 德国社会保障制度[M]. 上海：上海人民出版社，2009.
③ 坂胁昭吉，中原弘二. 现代日本的社会保障[M]. 杨河清等译. 中国劳动社会保障出版社，2006（1）：98.
④⑤日本总务省统计研修所. 日本统计年鉴2009. 总务省统计局发行，2009.

美国养老保险项目中,有为老年、遗属和伤残者提供补助的 OASDI 保险项目(Old Age, Survivors, and Disability Insurance),该项目还包括残障保险补助项目 SSDI(Social Security Disability Insurance)、老年人收入补充保障项目 SSI(Supplemental Security Income);有面向雇员的雇主养老保险福利,虽然该项目非公共性质,但有 401(K)计划特点;有铁路职工退休制度;还有联邦政府雇员的联邦退休制度和军人福利制度等。德国公共性质的法定体系保险制度提供基础养老金为第一层次,包括法定养老保险、公务员养老保险、农场主养老保险和独立从业者养老保险四大体系。日本的养老保险制度第一层次是一个全民共有、强制加入、待遇一致的基础养老保险,也称国民年金;第二层次是职域年金,区别民间企业雇员(厚生年金)、国家公务员、地方公务员、私立学校教职工、农林渔业团体职员不同群体的养老保险,该制度与收入关联。此两个层次都由政府运营并带有强制性,因此成为公共养老保险。三个国家养老保险制度均存在相对独立的不同群体养老保险制度,但各群体项目的保障待遇差距较小。因此制度设计允许存在针对不同群体的保障制度,即结构差异,但应统筹考虑制度的结果,防止差距过大产生资源分配不公平。

7.3.3 结果公平的非均衡发展规律

(1)整体水平:量力而行,逐步提高,过度则瘦身。

社会保障水平的高低与社会财富的积累程度密切相关,每一次社会保障水平的提高、覆盖群体的扩大,均伴随着经济的发展,当社会保障支付呈现压力、政府感觉负担过重或对经济产生负效应时则果断缩减福利开支水平(见表 7-3)。美国在"二战"之后到 20 世纪 70 年代中期,经历了经济和社会保障均快速增长的发展期,石油危机带来经济滞胀,1981 年 1 月里根就任总统伊始要求国会通过法案削减社会保障开支。德国同样是 20 世纪 50 年代到 70 年代的经济奇迹,促成了社会保障水平的快速提高,70 年代石油危机对德国社会保障制度发出警告,人口结构、家庭结构的变化,失业问题等各种压力作用,德国社会保障也不断调整、改革并瘦身。如延退政策,改革社保金融体制以减轻国家责任,削减社会保障开支,降低社会保障水准等。日本的社会保障发展进程也大致如此。因此,社会保障发展水平一定要适应经济发展水平,应将经济增长的速度、社会矛盾的紧迫程度和社会保障的发展力度统一起来,应量力而行,逐步提高,防止发展的"过"和"不及"。

(2)待遇水平:求同存异。

德国养老保险制度强调权利与义务统一,享有的社会养老保险待遇水平与个人缴费记录和收入状况相关,不存在以给付为目的的个人账户,兼顾公平与效率,不同群体之间的待遇水平允许存在差异但差距不大,以法定养老金和公务员养老金对比,法定养老金的替代率最高不超过75%,目前平均为53%,公务员的养老金替代率为75%~80%,但享受法定养老金的雇员还有补充养老保险体系,公务员则没有。为避免物价变动和在职人员工资波动对养老金的影响,存在一个动态调整,虽然公务员养老金和法定养老金调整系数存在差别,但差别在变小(见表7-10)。日本养老保险制度中采取的"国民年金定额制+职域年金的定率制"待遇给付方法,在国家提供的基础养老金上更是确保绝对的公平,差异表现在职域年金中。两个国家在待遇水平的给付上均是允许差距存在(异),但整体目标追求是差距适度,保证公平性(同)。

表7-10 1996~2005年法定退休养老金与公务员养老金调整系数　　单位:%

年份	1996	1997	1998	1999	2000	2001	2002	2003	2004	2005
法定养老金调整系数	0.95	1.65	0.44	1.34	0.60	1.91	2.16	1.04	0.00	0.00
公务员养老金调整系数	0.00	1.30	1.50	2.80	0.00	1.70	2.10	1.74	1.25	0.00
物价上涨比例	1.5	1.9	0.9	0.6	1.4	2.0	1.4	1.1	1.6	2.0

资料来源:Franzland. Ueberblick Ueber die Alterssicherung in Deutschland [M]. in: Franz Ruland, Bert Ruerup, Alterssicherung und Besteuerung, Betriebswirtschaftlicher Verlag Dr. th. Gabler, 2008 (27).

德国医疗保险分为法定医疗保险、私人医疗保险、长期护理保险和特殊人群的福利医疗计划四类,法定医疗保险具有强制实施的社会性质,提供全面基本的医疗服务,约覆盖总人口的88%,在历年卫生总支出中的比例超过60%。法定医疗保险按照参保人收入比例筹资,参保人分为义务参保人、自愿参保人和连带参保人,自愿参保人指收入较高超过法定医疗保险计费上限人员,连带参保人指符合参保条件人员的配偶和子女。法定医疗保险体系内所有参保人的福利偿付待遇一致公平对待。日本的面向全体国民的国民健康保险,城乡居民之间待遇给付水平差别不大,日本国民可持医疗保险卡就诊治疗,在缴纳30%的费用(老年人一般是20%)后,余额由国民健康保险基金负担。两个国家的医疗保险给付待遇公平性极高。

7.3.4 动态公平的非均衡发展规律

从美国、德国和日本的社会保障发展改革进程出发,保障的动态协调性基本上都是非均衡起步,目标选择均衡趋向;社会保障制度自身的发展规律基本上是由不普遍不整合的制度向普遍整合的制度转变。社会保障制度内部结构一般是从家庭互助萌芽后由政府设置针对贫困群体的社会救助制度,然后根据社会矛盾的

7 社会保障经济公平非均衡发展的国际经验

需要解决的优先排序扩展保障项目。美国1935年优先解决老年、遗属和伤残者养老保险项目，德国1883年优先推出医疗保险项目，日本则1922年优先实施医疗保险项目。从群体推进进程看，三个国家的城乡、群体之间覆盖时间总是存在一定时间差（见表7-5、表7-6、表7-7），总体上社会保障制度以不普遍不整合为起点，这种不普遍不整合的起点决定了社会保障发展动态协调性是非均衡起步。

总体来看，伴随着社会问题的解决保障项目逐步健全完善，保障水平稳定提高；伴随经济高速发展，社会贫富差距拉大，社会矛盾增多，社会福利的再分配效应得到重视，公平性越来越被关注。当高水平的福利危机论争尚未出现，社会财富迅速积累的基础上，保障水平得到较大提升。三个国家的社会保障制度趋向于普遍整合特征，其间也伴随着社会保障支出水平与经济增长的协调适应关系调整，毕竟社会财富是社会保障水平的源泉，社会保障水平应该成为发挥经济增长的正向效应工具，避免涸泽而渔。

7.4 启 示

根据以上分析，得到对我国社会保障发展的如下启示：

（1）经济公平的均衡发展是社会保障制度的终极目标所在。

世界任何一个国家社会福利制度的基本理念和价值导向都是保护弱势群体的生存权、健康权和发展权，公平是社会保障的首要保证。尽管美国社会保障制度不是发达国家中最完善和健全的，德国和日本的社会保障项目不断增多，而国家负担水平却有所下降，但三个国家政府始终把社会保障作为一种公共资源，遵循供给人人平等原则，并没有采取牺牲一部分人或部分群体的利益为代价，而是始终沿着城乡公平、区域均衡、群体兼顾的路径发展，社会保障始终发挥着对贫富差距的调节作用。适应国际发展趋向和实践经验，我国社会保障应该统筹城乡和区域考虑，长期战略规划，以公平均衡发展为目标，将发展中不可避免的暂时发展不公平和不均衡问题缩短解决的时间进程。

（2）起点公平是必然结果，但需要一定的时间进程。

起点公平是对权利的公平配置，城乡居民、不同群体公民在目前社会保障制度覆盖面上产生的不公平，不仅对政府公权力产生不良影响，也会影响公民享受社会福利，还会带来诸如因老、病等因素的贫困、群体间关系紧张、公众不满情绪增加等一系列影响社会稳定的问题。所以，起点公平是必然结果，但应当看到任何一项公共项目，只要实施总是难以确保起点上的绝对公平，主要原因是由于起始点资金的有限性和对效率的要求，任何资金的投入总会首先在某类群体和某个（些）地点开始，然后逐步扩散，因此短暂的不公平不可避免，也是事物发展的客观规律。目前，我国城乡社会救助、养老保险、医疗保险均是相互分离的两个系统，农村中没有失业、工伤和生育保险，这是由我国特殊的二元经济社会结构、国家经济发展阶段实施的不同战略决定的，一些发达国家也都经历了同样的这种城乡分割现象，只是经历的时间长短有差异而已。在城乡内部群体的覆盖上，各国都是经过长期的努力才实现制度上对全体公民的覆盖。

（3）过程公平由制度设计的完善决定。

制度是一个社会的游戏规则，是决定人们的相互关系的系列约束，包括非正式约束（道德的约束、禁忌、习惯、传统和行为准则）和正式的法规（宪法、法令、产权）（道格拉斯·C. 诺斯①）。社会保障制度是一系列决定社会保障系统中人的行为和关系的规范，是否纳入某群体、纳入后不同群体之间的差异、制度设计的科学性等均是社会保障制度过程公平的反映。在过程系统中，过程与结果的前后相继体现为过程公平的程度决定了结果公平程度的走向，因此过程公平需要制度设计的优化保证。目前中国养老保险制度区分为城镇职工、非职工城镇居民、农村居民、机关事业单位人员养老保险四类，群体之间缺乏养老保险关系的转移衔接规范。从养老保险基金筹集与管理上看，财政对城乡不同的支持力度、基金的区域流动与管理的统筹层次缺乏公平的机制，产生区域间社会保障责任转嫁、基金的社会共济性弱等问题，也影响了人口的自由流动。医疗保险在城乡之间是否强制的参保原则、筹资比例分担、保险待遇等方面存在较大差异，当个体身份在城乡之间、群体之间流动易导致个体医疗保障缺失，医疗保险基金统一性差（即统筹层次过低）影响了劳动力的自由流动。这一系列的问题均需要社会保障制度的优化设计来实现。

（4）结果公平的均衡程度需要政府强力裁决与调控。

改革开放以来，我国采取非均衡区域经济发展模式，经济水平快速发展，但经济发展水平的增加并不会自动增加国民的社会福利水平，需要政府以制度约束实施调控。改革之初一般是政府主导型供给制度（杨瑞龙②，1998）或是政府为发现符合自身利益最大化寻求外部规则的行为（周业安③，2000），但制度变迁

---

① 道格拉斯·C. 诺斯. 经济史中的结构与变迁 [M]. 上海：上海三联书店，上海人民出版社，1994.
② 杨瑞龙. 我国制度变迁方式转换的三阶段论 [J]. 经济研究，1998（1）：3 - 10.
③ 周业安. 中国制度变迁的演进论解释 [J]. 经济研究，2000（5）：3 - 11.

7 社会保障经济公平非均衡发展的国际经验

方式在制度变迁过程中,中央政府更多是起法官裁决的作用(周其仁①,1995;周业安②,2000),社会保障城乡、区域之间结果公平的非均衡发展涉及各自的利益分配,政府需要调和改变这种由于起始点差异产生不公平的利益格局。如前对城乡省际经济公平非均衡发展的评估,目前我国城乡省际社会保障差异均较大,一方面是社会保障资源来源的城乡经济发展水平差距较大,另一方面是社会保障制度收入依赖模式中的收入差距同样很大。因此,诸如社会保险基金的统筹转移问题、保险关系的接续问题、城乡和区域待遇差距问题等均需要政府发挥法官的裁决作用,以经济公平作为裁决标准之一,多方面兼顾各方利益,调和社会保障结果公平的差异,也以社会保障为经济调控工具缩小居民收入差距,缓解社会矛盾。而收入差距的缩小又可以提高居民整体消费倾向,刺激社会总需求,促进经济转型和可持续稳定发展。

(5)动态公平需要适应经济发展和社会保障结构优化。

社会保障政策是国家社会经济发展不可或缺的"加速器"和"缓冲机",非常需要适应经济财富的积累水平,同时社会保障资源在群体、区域之间分配的结构优化同样重要。与美国、德国和日本3个国家相比,我国社会保障水平还比较低,但同我国目前的人均国民总收入水平相比,整体的社会保障水平和经济发展水平的匹配程度已然较好,符合量力而行、有多少钱办多少事的原则。2010年我国人均国民总收入4260美元,按照笔者定义狭义社会保障概念,中国整体社会保障水平6.68%,如果涵盖儿童、老年、残疾人群体的社会福利性项目后该比重会有上升,因此对我国来说,动态发展的适应性更应该注重社会保障系统的内部结构调整,应将目光放在纳入更多群体、提高农村、欠发达省市居民和贫困弱势群体待遇水平上来,避免横向比较上的经济公平失衡。

(6)国土面积和人口密度的大小也是均衡发展的重要因素之一。

我国幅员辽阔,人口密度向东部集中,对每一个区域的发展均呈现中心城市的集聚与辐射效应,以省会、地级市、县镇等为中心地带。杜能(Johann Heinrich von Thünen③,1826)的农业区位论、勒施(August Losch④,1940)和克里斯塔勒(W. Christaller⑤,1933)的中心地理论等理论虽然阐释的是农业、工业的区位理论思想,但其共通性是均述及了中心地与辐射半径的关系问题(如图

---

① 周其仁. 中国农村改革:国家和所有权关系的变化(上)——一个经济制度变迁史的回顾[J]. 管理世界,1995(3):178-189;周其仁. 中国农村改革:国家和所有权关系的变化(下)——一个经济制度变迁史的回顾[J]. 管理世界,1995(4):147-155.
② 周业安. 中国制度变迁的演进论解释[J]. 经济研究,2000(5):3-11.
③ [德]杜能. 孤立国同农业和国民经济的关系[M]. 吴衡康译. 北京:商务印书馆,1986.
④ [德]勒施. 经济的空间秩序[M]. 王守礼译. 北京:商务印书馆,2010.
⑤ [德]克里斯塔勒. 德国南部的中心地[M]. 常正文,王兴中译. 北京:商务印书馆,2010.

7-1所示)。

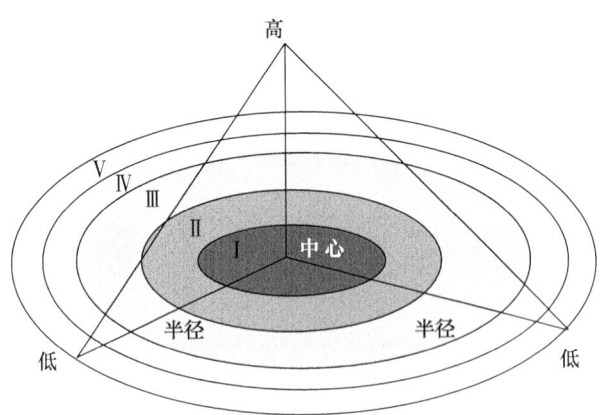

图7-1 经济区位的同心圆分布

农业区位论指以城市为中心,形成由中心向外呈同心圆状分布的农业地带,且因为其与中心城市的距离不同而引起生产基础和利润收入的地区差异。中心地理论也认为企业商品销售都有一个最大的销售半径,由于分散和吸引两种力量的作用产生市场圈扩大和收缩变化,随着销售圈半径距离向外延伸,运费增加,价格上升,销售量逐渐减少。该理论说明半径大小对管理效率是有影响的,我国国土面积较大,人口众多,经济社会管理中枢集中在中央政府和相关职能部门,相对国土面积较小的国家而言,中国的管理半径较大,加上各省之间、市、县之间自然资源和人力资源禀赋异质明显,缩小非均衡发展的程度较半径小的区域难度加大。因此,国土面积和人口密度的差异也会对非均衡产生影响,也预示着社会保障经济公平由非均衡到均衡的进程可能会经历较长时间区间。

(7) 国际实践经验的中国借鉴需要适应中国"土壤"。

发达国家的实践、改革与探索为我们提供了可资借鉴的宝贵经验,但在吸收学习先进经验的同时,一定要注意消化与吸收,注意中国的特殊国情所在。中国目前实施的是世界上少有几个国家的公有制的所有制形式,决定了国家的运行、收入分配制度、企业组织的管理运作与私有制形式均存在异质性。中国人口规模的巨大以及相应的社会保障基金规模无任何一个国家存在实践经历。按照2010年第六次人口普查数据,我国总人口规模12.4亿人,居世界第一,是美国的4.3倍,德国的16.4倍,日本的10.5倍,是国土面积最大的俄罗斯人口的9.4倍,是国土面积第二大的加拿大人口的39.2倍,如此人口规模形成的社会保障基金是巨额的,管理具有较大难度。因此,在吸收借鉴国际实践经验中一定要注意对中国"土壤"的适应性,避免制度的平移复制。

8 中国社会保障经济公平均衡发展的建议

中国社会保障经济公平状况的提升及实现均衡发展需在国情的约束下,以国民的需求为基础,明确城乡、省际社会保障经济公平发展的目标方向,以优化制度顶层设计为统领,坚持社会保障经济公平非均衡发展存在的必然性原则,选择适合中国国情的社会保障发展模式。在战略和目标指引下,城乡之间重视起点公平和过程公平,省际之间注重过程公平,并协调结果公平与经济增长的动态适应性,选择适合中国的制度整合路径,缩小与社会保障关联的初次分配不公平的程度,建立健全社会保障财政支持制度,完善政府作为供给方的责任,并制定相关配套措施。系统发展思路如图8-1所示。

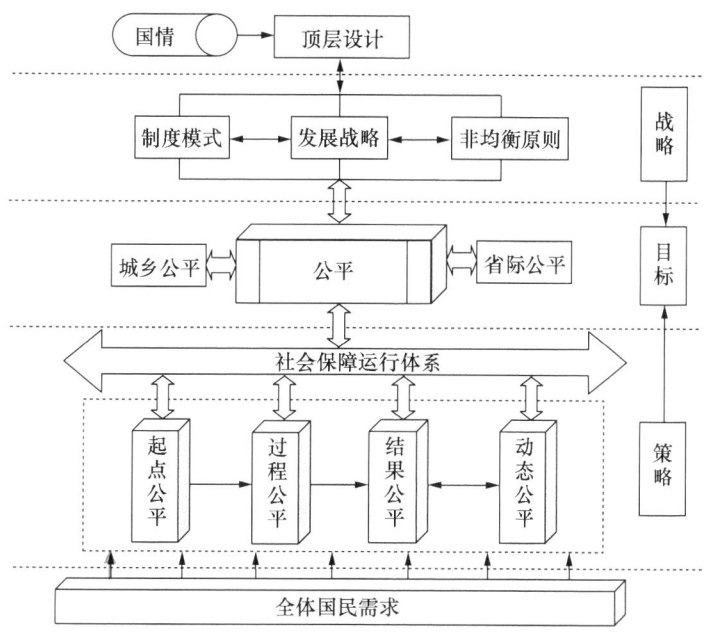

图8-1 中国社会保障经济公平均衡发展思路及路径

8.1 确立社会保障经济公平非均衡发展的目标

从罗尔斯分配正义、诺齐克过程公平、德沃金的权利公平及福利经济学中的公平思想等理论观点强调的内容看,其共通性在于任何人之间地位平等、规则向弱势群体倾斜。而人与人之间的个体地位是否公平的比较标准往往是以个体的基本特征为依据:①性别,即同性别的人之间应该受到平等待遇,诸如女性均应该享有生育保险等;②年龄,同样达到一定年龄标准均应该享受养老保障权利等;③健康状况,同样的健康状况应获得同样的被保障机会,同样的疾患应得到近似的保障等;④劳动能力存在性,同样具有劳动能力应获得同样的就业机会,同样的缺失劳动能力(如残疾者)应获得同样的被保障机会和待遇。这些个体基本特征在本质上是无差异特征,与身体之外的物质财富多寡、社会地位高低等显示身份差异的特征无关。当居民之间生活空间存在较大差异时,对公平的认知和判断更看重基于基本特征的机会(起点)公平,且由于城乡区域划分、城乡居民获取收入和生活资料模式差异的客观性,结果的差异矛盾与机会公平相较处于次要地位,因而城乡居民之间对社会保障"有没有"的比较显得非常重要,一方有而另一方没有则产生不公平感。当生活空间处于相同层面(如同处于省际层面,对省与省的比较)或生活空间相近(如同一省内地市之间、县之间、农村内部、城镇内部、同行业内)时,对公平的认知和判断则会转移到制度的实施落实和国家对相同层面的同等对待上,即更看重过程公平。同时还会加入一些无差异特征之外的身份特征比较,如发达省市应该比欠发达省市待遇稍高、职级高者应该比低者稍高等,但差距不能超过居民和社会的共同承受力,因而结果公平依然重要。综上,如图8-2所示,中国社会保障经济公平应该从注重起点公平起始,之后兼顾过程公平和结果适度差距。在城乡应该重视起点和过程公平,省际则应该注重过程公平并兼顾结构适度差距。不论是城乡还是省际,其结果公平均应注重与经济增长的匹配性。

8.1.1 城乡之间重视起点和过程公平

城乡居民社会保障供给不公平,不仅带来了诸如城乡收入差距扩大、贫困等问题,还增加了公众不满情绪,导致群体之间关系紧张,引致一系列社会问题,老无所养、老年贫困、看病难、看病贵、因病致贫等问题已经成为中国经济需求不足的一个重要原因,若任其发展,则经济可持续发展将受到影响,社会稳定性

8 中国社会保障经济公平均衡发展的建议

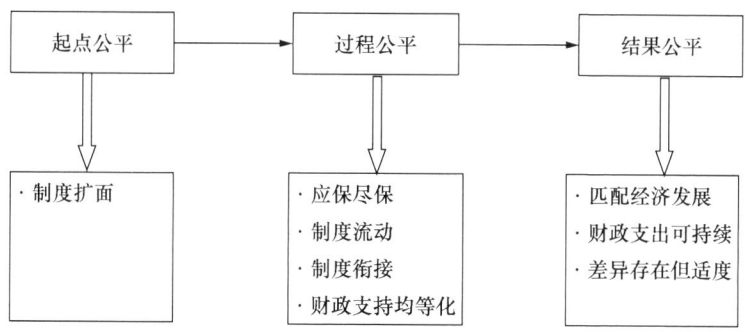

图 8-2 中国社会保障经济公平发展目标

也将受到危及。虽然城乡社会保障经济公平非均衡的原因复杂多样，既是历史发展进程中的沉淀和延续，又与经济政策和战略息息相关。但农村社会保障制度的长期缺失产生的起点不公平问题是非常严重的，这种权利失衡的举措致使农村居民社会保障准入资格丧失的后果亟须改变，因此城乡之间应注重起点公平，然后通过控制过程公平调整结果不公平程度。

此外，城乡隔离的户籍制度一直被学界和社会所诟病，被认为是中国经济社会发展的一个藩篱与困境，是城乡二元结构的制度根源。城乡居民身份的不同决定了城市居民就业、养老、医疗、教育等各项社会福利待遇甚至权利优于农村居民，直接造成了城乡社会保障经济不公平。但笔者认为，城乡分割的户籍制度的设立在历史上的确限制了城乡居民的自由迁徙权，恶化了社会公平，但其本质上也只不过是一种国籍符号，是一种身处地理位置的证明，如果任何社会福利制度不再强行"绑架"户籍制度、不具有户籍歧视性，剥离了附着在户籍上的利益分配职能以后，城乡户籍制度存在又有何妨？

8.1.2 省际之间注重过程公平

公平的社会保障制度应该是一种开放式制度，尤其在劳动力资源流动频繁且已经成为常态的市场经济环境下，结果不公平是允许存在的，由于过程积累的差异造成的结果差异也是合理并可以得到理解的，因而需要改善社会保障制度的流动性和统一性，增强制度的活力和持续性，这同时也能够在一定程度上消除劳动力的流动障碍，提升人力资本价值。根据《中国人口和就业统计年鉴2011》[①]，2010年居住在本乡、镇、街道，户口在外乡、镇、街道，离开户口登记地半年

---

① 国家统计局人口和就业统计司. 中国人口和就业统计年鉴2011 [M]. 北京：中国统计出版社，2011.

以上公民已达 2.61 亿人，占总人口数量的 19.6%，流动人口规模相当可观，而其中农民工流动规模占据较高比例，如表 8-1 所示，2010 年外出（流动）农民工占同期流动人口的 58.8%，占农民工总量的 63.3%，且 2008~2012 年占比相对稳定。表 8-2 的数据显示，半数左右的农民工是跨省流动的，从东中西部分布特征数据看，东部以省内流动为主，中西部则以跨省流动为主，这充分印证了本课题中由于养老保险制度流动性不足导致东部省份社会保障责任转嫁的结论。

表 8-1　中国农民工数量变化（2008~2012 年）　　单位：万人，%

年份 类别	2008	2009	2010	2011	2012
农民工总量	22542	22978	24223	25278	26261
外出农民工	14041	14533	15335	15863	16336
本地农民工	8501	8445	8888	9415	9925
外出农民工占比	62.3	63.2	63.3	62.8	62.2

资料来源：(1) 国家统计局. 2011 年我国农民工调查监测报告 [EB/OL]. http://www.stats.gov.cn/tjfx/fxbg/t20120427_402801903.htm.
(2) 国家统计局. 中华人民共和国 2012 年国民经济和社会发展统计公报 [EB/OL]. http://www.stats.gov.cn/tjgb/ndtjgb/qgndtjgb/t20130221_402874525.htm.

表 8-2　不同地区外出农民工在省内外务工的分布　　单位：%

年份 地区	2010		2011	
	省内	省外	省内	省外
全国	49.7	50.3	52.9	47.1
东部地区	80.3	19.7	83.4	16.6
中部地区	30.9	69.1	32.8	67.2
西部地区	43.1	56.9	43.0	57.0

资料来源：国家统计局. 2011 年我国农民工调查监测报告 [EB/OL]. http://www.stats.gov.cn/tjfx/fxbg/t20120427_402801903.htm.

流动人口的规模和东中西部流动特征决定了养老保险的流动性需要加强、制度衔接性需要建立、统一性是未来的发展方向。因此，需要进一步优化制度的过程公平，从技术手段和实际操作上不断改善制度的流动性和统一性，注重省际社会保障制度的过程公平，然后均衡结果公平程度。

8.1.3　结果公平应确保社会保障与经济增长的匹配性

通过不均衡指数、适应性和均衡指数等指标对比，城镇社会保障随着经济增

8 中国社会保障经济公平均衡发展的建议

长保障水平不断提高,而农村社会保障却在经济高速增长条件下缓慢提高,从而形成城乡社会保障与各自经济增长匹配的较大差异。省际之间非均衡程度较大,尤其是东中西部差异明显。因此,应提高农村和各省市区社会保障与经济增长的匹配性,通过改变福利分配配置结构增加社会总效用。这种改变还能够提高农村居民消费预期,优化省际和区域非均衡程度,从而促进经济结构改善。现实的经济条件和政治条件也为社会保障城乡、省际均衡发展奠定了一定基础。政治方面,在《国务院关于印发国家基本公共服务体系"十二五"规划的通知》(国发〔2012〕29号)发布的《国家基本公共服务体系"十二五"规划》中,明确制定了社会保险、基本医疗卫生的城乡、区域均等化目标;在《国务院关于批转社会保障"十二五"规划纲要的通知》(国发〔2012〕17号)发布的《社会保障"十二五"规划纲要》中,对社会保障的制度建设、覆盖范围、保障水平、服务体系建设等提出了目标要求,体现了保证起点公平、过程公平和缩小结果公平的理念。公共服务型政府建设稳步推进,缩小城乡、区域初次分配和再分配在决策层和民众中已经形成共识。经济方面,根据国家统计局2013年2月22日发布的《中华人民共和国2012年国民经济和社会发展统计公报》最新数据,2012年中国国内生产总值519322亿元,比上年增长7.8%,全国公共财政收入117210亿元,比上年增加13335亿元,增长12.8%。当前的经济发展水平和财政状况决定了我国已经具备逐步实现社会保障由非均衡向均衡发展的基本条件,也正因为经济财富的积累,政府在新型农村合作医疗、城镇居民医疗保险、城乡居民养老保险中承担起了筹资主体的较大责任。在国家承担责任提高、社会保障水平不断提升的同时,也要注意过快增长,防止过犹不及和涸泽而渔。而且按照本课题狭义社会保障支出占GDP的比重水平与人均GDP的发展水平看,我国社会保障总量水平已并不太低,关键在于内部的分配结构不合理。

凯恩斯国家干预理论中也反映了社会保障的直接效应是个人的安全与经济均衡的双重性。因此,在结果公平上一定要注意将社会保障结构调整速度和社会保障增长速度匹配起来,在动态公平上一定要将社会保障增长速度和经济发展速度、财政增长程度匹配起来。

8.2 优化制度顶层设计,调整社会保障资源内部结构分配

"顶层设计"是一个系统工程学概念,本义是统筹考虑项目各层次和各要

素，统揽全局，在最高层次上寻求问题的解决之道。第二次世界大战前后，这一概念被西方国家广泛应用于军事与社会管理领域，成为政府统筹内外政策和制定国家发展战略的重要思维方法。目前，本概念在科技创新、行业发展规划、产品型号设计、体系建设等领域被广泛应用，并在不同领域被赋予不同内涵，但共通性在于该概念是针对某个对象，从系统角度在某一领域进行全面规划与设计，其规划与设计具有"整体明确性"和"具体可操作性"。

顶层设计在社会保障领域的运用可以理解为政府的"战略管理"。中国社会保障制度伴随着经济发展快速发展，但社会保障制度涉及人口政策、医疗卫生体制、就业等各个领域，每一次社会保障制度的完善与优化总是在进行着局部创新与调整，其经济公平的改善调整的是局部公平。现在社会保障的顶层设计应由局部公平向系统公平转变，以现实的国情为基础，对接公民的社会保障需求，实现政府与民意共识。社会保障的顶层设计需要考虑社会保障的战略目标和阶段性目标，分几步实现公平？每一步的公平分目标是什么？考虑实现经济公平的主攻方向和优先顺序，即优先解决哪些保障项目的公平？优先解决城乡还是区域之间的公平？优先解决哪种层次的公平，是起点、过程抑或是结果公平？如何做到社会保障发展与经济发展适应？还要考虑社会保障相关高层次部门的协调机制。因此，顶层设计需要以体系设计为统领，设定社会保障制度的目标体系；以结构调整为主线，保证社会保障总水平适度的条件下调整城乡、省际、区域、群体之间的资源公平配置；坚持合理划分社会保障领域中各级政府的财权与事权责任，坚持差异化的经济公平理念，在总量资源已定的前提下优化调整社会保障资源内部结构分配，逐步实现社会保障经济公平均衡目标。

8.3 坚持社会保障经济公平非均衡发展的必然性原则

考察西方发达国家公民的基本权利在不同主体之间获得时点的进程（见表8-3），一个普遍的规律是权利在主体之间是逐步扩大的；从社会保障不同保障项目权利设置的时间点看（见表8-4），不同社会保障权利的获得也是循序渐进的。这种规律性的产生与经济发展的不同历史阶段，不同文化宗教背景、政治背景、整个世界的文明程度，对社会保障权种类的优先排序，对公平内涵的价值取向和评价标准的差异，一个国家社会经济发展结构不平衡、公民个体拥有财富多寡的差异结构等均有不同程度的关联。因此，在经济财富量和公共财政控制的资源量约束下,任何与公平相关的公共政策确立的规则,在设立之初均可以认为是当时当地情境下时任当权者在均衡各方力量后所作出的最适当决策。因此,站在发展的角度审视历史,现在认为过往的非均衡发展状态在当时当地却是最公平的选择,只是随着时间的进程和经济社会的发展,公平的状态没有及时调整。因此,起点与过程的非均衡是必然的,结果的非均衡是效率的需要,应坚持该原则。

表8-3 西方10国选举权在不同主体中实现的起始年份

主体 国家	有财产男子有权在全国选举中投票	所有男子有权在全国选举中投票	妇女有权在全国选举中投票	所有民族/种族有权在全国选举中投票
丹麦	1901	1915	1915	1950
荷兰	1887	1917	1922	
瑞典	1909	1918	1918	1918
奥地利	1955	1955	1955	1955
法国	1884	1884	1944	
德国	1949	1949	1949	1949
瑞士	1848	1880	1971	
美国	1776	1830	1921	1970
日本	1950	1950	1950	
英国	1932	1918	1928	

资料来源:郝铁川.权利实现的差序格局[J].中国社会科学,2002(5):114.

表8-4 西方10国不同社会保障权实现的起始年份

顺序 国家	实施的第一项权利	实施的第二项权利	实施的第三项权利	实施的第四项权利	实施的第五项权利
丹麦	SU1907	SW1916	SO1922	SH1933	SF1952
荷兰	SW1901	SH1909	SO1909	SU1916	SF1939
瑞典	SH1891	SO1913	SW1916	SU1934	SF1948
奥地利	SW1887	SH1912	SU1920	SO1927	SF1948
法国	SH1930	SW1946	SO1946	SF1952	SU1967
德国	SH1883	SW1884	SO1889	SU1927	SF1963
日本	SW1911	SH1922	SO1941	SU1947	SF1971
瑞士	SW1911	SH1911	SO1946	SF1960	SU1976
美国	SW1912	SU1935	SO1935	无	无
英国	SH1911	SU1920	SO1925	SF1945	SW1946

注:SW表示工人工伤补偿方面的权利,SO表示退休金方面的权利,SH表示医疗卫生方面的权利,SU表示失业保险方面的权利,SF表示困难家庭补助等社会救助方面的权利。

资料来源:郝铁川.权利实现的差序格局[J].中国社会科学,2002(5):114.

8.4 选择适合中国的社会保障制度整合模式

社会保障发展制度整合阶段决定公平均衡发展程度，选择什么样的模式对应着何种经济公平程度。现有的养老保险制度类型包括城镇职工养老保险、机关事业单位养老保险、农民工养老保险、城镇居民养老保险和农村居民养老保险制度五大类，机关事业单位和城镇职工养老保险的双轨制造成结果公平巨大的差距；大量农民工在企业组织从事着相同或相近的工作却被排斥在制度之外（见图8-3），5项社会保险最高平均参保率23.6%，东西部差距明显，形成严重的起点不公平、过程不公平和区域非均衡状态；城乡养老保险分割、群体之间养老保险金替代率差距迥异损害了城乡社会保障的经济公平性，按照群体的筹资机制、劳动关系特征区分为组织劳动关系和个体劳动关系两类，按照不同的养老保险制度类型和群体类型可以对制度整合形成如图8-4所示状态，以增强养老保险制度的经济公平性。

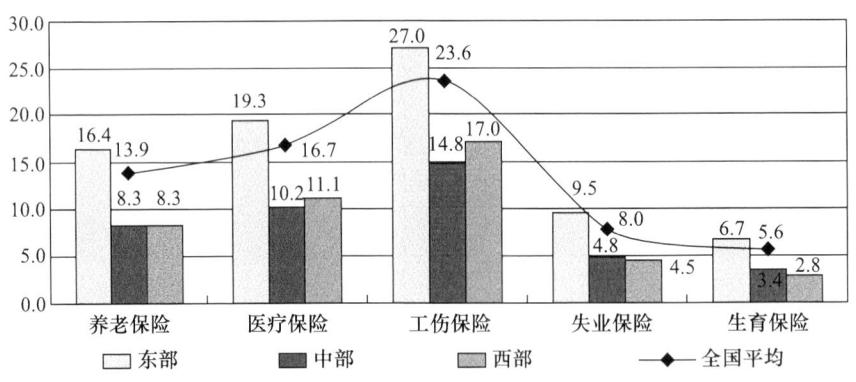

图8-3 外出农民工在不同地区务工参加社会保险的比例（2011年）

资料来源：国家统计局.2011年我国农民工调查监测报告［EB/OL］.http：//www.stats.gov.cn/tjfx/fxbg/t20120427_402801903.htm.

现有的医疗保险制度类型包括城镇职工基本医疗保险、城镇居民医疗保险和新型农村合作医疗保险制度三类，城乡医保分割损害了城乡医疗保险的经济公平性，《国家基本公共服务体系"十二五"规划》提出基本医疗卫生服务均等化目标。城镇职工基本医疗保险制度于1993年开始试行，新型农村合作医疗保险制度于 2003 年开始试点,先城后乡的思路也是发达国家社会保障的实践发展规律,城镇居民医疗保险制度试点于 2007 年也开始付诸实施。针对同样个体劳动关系特征的城乡居民,医疗保险制度在统筹层次、政府补贴和待遇水平均显现了一定的城市偏向,城乡区别对待的居民医疗保险造成新的起点不公平,既不符合社会发展规律,也不符合公平原则,需要对医疗保险制度进行整合。

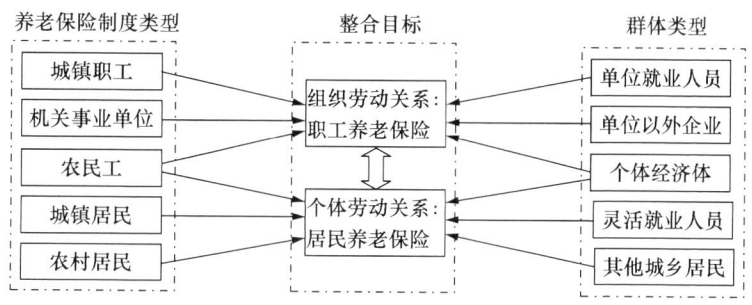

图 8-4　基本养老保险制度整合路径

注：根据统计口径划分,单位就业人员指期末最后一日 24 时在各类单位中工作,并取得工资或其他形式劳动报酬的人员数。该指标为时点指标,不包括最后一日当天及以前已经与单位解除劳动合同关系的人员,是在岗职工、劳务派遣人员及其他从业人员之和。不包括：离开本单位仍保留劳动关系,并定期领取生活费的人员；利用课余时间打工的学生及在本单位实习的各类在校学生；本单位因劳务外包而使用的人员。口径中不包括公司制企业、私营企业和个体等。图中单位以外企业是指符合法人组织标准雇用劳动者的经济组织。

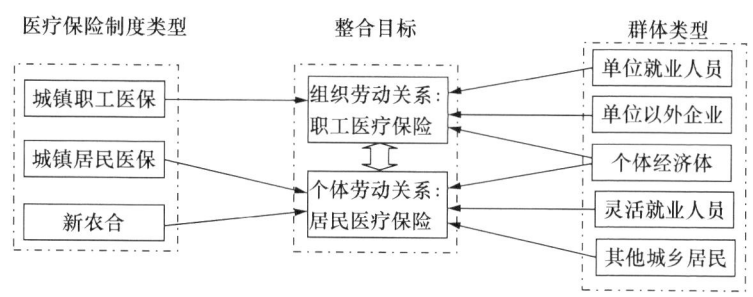

图 8-5　基本医疗保险制度整合实现路径

注：单位就业人员和单位以外企业概念范围同图 8-4 中的注解。

如图 8-5 所示,从医疗保险的运行机制出发,仅存在组织劳动关系雇员和个体劳动关系型居民两类,因此本课题提出按照是否存在组织劳动关系作为制度和群体整合目标：首先剥离城乡户籍界限的医疗保险制度,整合城镇居民医疗保险和新农合两类制度，建立居民医疗保险制度；其次建立城镇职工医疗保险和居民医疗保险两大体系的衔接通道，使所有人平等参保缴费，在制度之间随着劳动关系的组织和个体类型变化自由流动。在群体类型上，应给予个体经济和雇员以选择进入职工医疗保险抑或是居民医疗保险的灵活性。

在养老保险和医疗保险的整合路径上，本书并不认为完全统一的制度是最公平的，由于有组织劳动关系者和个体劳动关系者在筹资机制上的差异客观存在，因而制度也应存在差异，只是建立衔接通道即可。制度整合路径可概括为基础阶段和整合阶段：

在基础阶段，不论是养老保险还是医疗保险均是健全制度并多网同步运行，这一期间要做好制度扩面和实际覆盖工作，提高制度的实施效率和推进力度，明晰政府、企业、集体和个人等多方责任关系及结构比例，理顺筹资机制，实现覆盖面上的应保尽保。同时允许个体缴费按照"就高不就低"的原则在不同筹资制度上作出自由选择，允许个体缴费在相同筹资机制中任意选择。即可以允许个体劳动关系者参保组织劳动关系型社会保险制度，如果其愿意自我承担统筹账户缴费，也可以允许城镇非从业人员参加农村养老、医疗保险制度，消除户籍歧视。

在整合阶段，制度开始由多网逐步并为两网。对于养老保险，应按照劳动关系的存续先行明确，在农民工服务于企业组织时，该群体必须纳入城镇职工养老保险体系，同在企业组织工作理应获得平等的社会保险关系，但由于农民工群体流动、回流等特殊性决定必须建立与农村居民养老保险的转移接续机制。不同群体按照图8-4所示实现制度整合。对于医疗保险，从筹资机制和统筹层次上看，城镇居民基本医疗保险和新农合可以首先实现制度整合，然后逐步缩小与城镇职工医疗保险的待遇差距。不论如何整合，制度类型间的衔接机制均必不可少。

8.5 缩小初次分配不公平的程度

投保—资助型社会保障的重要特点是具有收入依赖性，因此个体收入因素对社会保障的制度覆盖、覆盖后的筹资等均具有实质性的影响，其对应了社会保障起点公平和过程公平，进而影响结果公平。城乡、区域收入差距的缩小能自动缩小城乡和区域社会保障的经济不公平程度，因此缩小初次分配不公平的程度将直接影响社会保障经济公平的非均衡程度。2013年2月3日，《国务院批转发展改革委等部门关于深化收入分配制度改革若干意见的通知》（国发〔2013〕6号）

中重点关注了收入差距和分配不公平等问题,并提出初次分配的一些调节目标,例如:2020年实现城乡居民人均实际收入比2010年翻一番,力争中低收入者收入增长更快一些;城乡、区域和居民之间收入差距较大的问题得到有效缓解,扶贫对象大幅减少,中等收入群体持续扩大,逐步形成"橄榄型"分配结构;社会保障和就业等民生支出占财政支出比重明显提升。初次收入不公平程度的缩小与缩小社会保障不公平程度之间会产生良性互动。

8.6 建立健全社会保障财政支持制度

城乡资源禀赋和生存环境差异客观存在,城乡的区域划分不可消除,长期以来的工农业"剪刀差"也制约了农村农民的发展,加上农民生产经营的个体劳动关系特征,需要国家(财政)作为社会保障的重要承担者之一。因此,在《国家基本公共服务体系"十二五"规划》目标指引下,应不断加大农村养老、医疗、救助等保障项目支持力度,实现城乡基本公共服务大致均等化发展。在省际之间,需要合理划分中央与地方政府的事权,并与财权相匹配,利用转移支付制度调节非均衡的程度。

第一,明晰中央与地方政府责任,合理划分社会保障事权与财权。公共服务均等化必然要求各地财政能力的均等化,而前提条件是合理划分并明确中央与各级地方政府之间的事权,在此基础上做到事权与财权对等。在社会保障中,社会保障的体系建设应属中央事权,养老保障的基金统筹应由中央负责;公共卫生具有区域外溢性,应由中央政府负责提供,基本医疗、医疗保障服务、社会救助应由中央和地方共同承担,但是城乡、区域均等化缺口较大,不可能一蹴而就,需要分阶段批次进行,但社会保障事权与财权的中央与地方划分必须进行,只有做到事权和财权相匹配才能产生社会保障事业发展"正能量"。

第二,建立社会保障公共财政预算制度,优化财政转移支付制度。本课题的实证研究表明,公共财政对社会保障投入无规律、规范性不足,主要原因是缺少公共财政预算制度,缺乏制度规划和约束。而财力转移支付对解决省际间财政不平等起到主要作用,就我国现实国情而言,城乡财政地位不平等、省际财政地位不平等和省内区域之间、城乡之间财政地位不平等等问题交织在一起,增加了问题的复杂性。由此更需要建立与社会保障可持续发展的公共财政预算制度,社会保障财政资金以专项转移支付的形式划拨,防止中央政府以财力性转移支付为手段平衡各地的财力差异的资金,难以保证地方政府将该转移支付资金真正用于社会保障事业发展上。公共财政预算制度的建立还将能有效监督资金流向与使用。

第三,优化财政支出结构。中央财政应增加对贫困地区社会保障转移支付的倾斜,中央和地方财政应增加对农村社会保障资金的投入。

8.7 其他配套措施

社会保障事业的信息化技术手段、经办机构的经办能力均是促进社会保障经济公平的重要辅助手段,卫生行政体制的改革对医疗保障的公平性有正向推动作用。此外,完善地方政府的政绩评价体系也是促进社会保障经济公平的重要方面,因为经济挂帅的政绩考核标准潜在地鼓励了地方政府对社会保障事业的忽视,不重视则必然产生经济增长与社会发展不协调,如果改变地方官员的升迁考核标准,对社会保障事业的不作为问责,可能会在一定程度上改变目前的社会保障资源配置不公平状态。

附录　调查问卷

城镇社会保障调查问卷

调查员姓名：＿＿＿＿被访对象电话：＿＿＿＿＿＿
调查地点：＿＿＿省（直辖市、自治区）＿＿＿市＿＿＿县（区）＿＿＿乡（镇）＿＿＿居委会

尊敬的被访者：

　　我们是首都经济贸易大学的学生，正在做假期社会调查。为了更真实、完整地了解您对国家社会保障政策的评价，我们特编制了此问卷对您进行调查访问。您的回答无所谓对错，只需反映实际情况即可。

　　请您在百忙之中抽出时间给予支持；我们衷心感谢您的配合！我们将依法对您的个人资料严格保密！

　　回答以下问题时，请在您同意的答案项上打钩。例如：
1. 您的性别：
√①男　　②女

1. 您的性别：
①男　　②女
2. 您的年龄段：
①16~29岁　②30~39岁　③40~49岁　④50~59岁　⑤60岁以上
3. 您的文化水平：
①小学及以下　②初中　③高中、技校或中专　④大学本科或专科　⑤研究

生及以上

4. 您的家庭成员状况：

①自己和爱人　②自己、爱人和孩子　③自己、爱人、孩子和一位老人　④自己、爱人、孩子和两位老人　⑤自己、爱人、孩子和多位老人　⑥自己一个人

5. 您个人的平均每月的现金收入是：

①800元以下　②800~1200元　③1201~1800元　④1801~3000元　⑤3001~5000元　⑥5001元以上

6. 您的工作职业范围：

①公务员　②事业单位　③国有企业　④民营企业　⑤外资企业　⑥其他

7. 您对当前城镇和农村社会保障政策的了解程度是：

①非常了解　②了解大部分　③了解少部分，但不很清楚　④完全不了解

8. 您对社会保障政策的认识是从_____得到。

①电视报刊网络　②社区的宣传栏　③单位的通告或通知　④周围人的交谈　⑤社会保障局的宣传　⑥专业知识书籍

9. 您对当前国家实施养老保险情况的评价是：

①很满意　②比较满意　③基本满意　④不满意　⑤很不满意

10. 您对当前享受到的医疗保险的评价是：

①很满意　②比较满意　③基本满意　④不满意　⑤很不满意

11. 总体来看，根据您的认识，您认为现在城镇和农村的社会保障公平吗？

①很公平　②比较公平　③有点不公平　④不公平　⑤很不公平

12. 假设城镇平均每人享受的养老、医疗等各项社会保障是550元，那么您觉得农村平均每人应该是多少？

①100元以下　②100~200元　③200~300元　④300~400元　⑤400~500元　⑥500元以上

13. 您知道当前城镇和农村的社会保障存在差距吗？

①非常了解　②了解一点　③听说过，但不很清楚　④完全不了解

14. 您认为城镇和农村居民在养老保险和医疗保险方面的个人缴费金额：

①应该一样　②城镇应该比农村高一点　③城镇应该比农村高很多　④应该和领取养老金的数额、看病报销的金额对应起来　⑤应该和人的收入多少对应起来　⑥农村应该比城镇高

15. 您觉得养老金领取的多少应该和什么有关系（可多选）？

①和每个人的生活消费有关　②和经济发展水平有关　③和每个人缴费的多少有关　④和每个人退休前的收入水平有关　⑤不清楚

16. 比较以下几项内容，您觉得最不公平的是（最多可选择两项）：
①农村养老保险设立时间比城镇晚　②农村医疗保险设立时间比城镇晚
③城镇领取养老金高，农村低　④城镇居民看病医疗保险报销多，农村报销少
⑤从农村移居到城市养老保险关系不能连接起来

17. 比较以下几项内容，您觉得最不公平的是（最多可选择两项）？
①移居到另外一个城市养老保险带不走　②医疗保险不能在居住地以外的地方报销　③省与省之间的养老金工资差距大　④不同的省对新农合和农村养老保险的补贴金额差距大

18. 您知道城镇职工养老保险和农村养老保险的个人缴费金额有较大差距吗？
①很清楚　②知道，但不知道具体差距有多大　③听说过　④不知道

19. 您知道城镇职工医疗保险和新农合的个人缴费金额有较大差距吗？
①很清楚　②知道，但不知道具体差距有多大　③听说过　④不知道

20. 您认为以下哪些保障项目在城镇和农村之间差距较大（最多选两项）？
①贫困救助　②医疗社会保险　③养老社会保险　④生育保险　⑤失业保险
⑥工伤保险

21. 您觉得造成城镇和农村社会保障差距的最主要原因是：
①社会发展规律决定了农村起步较晚　②城乡居民的个人收入差距大　③农村较长时间缺少养老保险、医疗保险等制度　④国家对农村社会保障财政补贴不够

22. 您觉得造成省与省之间社会保障差距的最主要原因是：
①各省经济发展差距大　②各省居民的个人收入差距大　③养老保险不能随着个人迁移而转移

23. 请您对①养老保险、②医疗保险、③贫困救助三类保障项目按照对您的重要程度排序。
1. ①②③　2. ①③②　3. ②①③　4. ②③①　5. ③①②　6. ③②①

24. 您觉得除了养老保险、医疗保险和贫困救助以外，下列哪些项目对农民来说还是必要的？
①失业保险　②住房公积金　③工伤保险　④生育保险　⑤都不必要

25. 综合考虑各方面的情况，您认为自己是社会保障制度的：
①受益者　②受损者　③不受益也不受损　④说不清楚

26. 您认为在未来的几年内，城乡社会保障的差距会：
①快速变大　②缓慢变大　③保持现状　④缓慢缩小　⑤快速缩小　⑥不清楚

27. 您认为在未来的几年内,省与省之间社会保障差距的状况会:
①快速变大　②缓慢变大　③保持现状　④缓慢缩小　⑤快速缩小　⑥不清楚

农村社会保障调查问卷

调查员姓名:_____被访对象电话:_____

调查地点:_____省(直辖市、自治区)_____市_____县(区)_____乡(镇)_____居委会

尊敬的被访者:

我们是首都经济贸易大学的学生,正在做假期社会调查。为了更真实、完整地了解您对国家社会保障政策的评价,我们特编制了此问卷对您进行调查访问。您的回答无所谓对错,只需反映实际情况即可。

请您在百忙之中抽出时间给予支持;我们衷心感谢您的配合!我们将依法对您的个人资料严格保密!

回答以下问题时,请在您同意的答案项上打钩。例如:

1. 您的性别:
√①男　　②女

1. 您的性别:
①男　②女

2. 您的年龄段:
①16~29岁　②30~39岁　③40~49岁　④50~59岁　⑤60岁以上

3. 您的文化水平:
①小学及以下　②初中　③高中或中专　④专科及以上

4. 您的家庭成员状况:
①自己和爱人　②自己、爱人和孩子　③自己、爱人、孩子和一位老人　④自己、爱人、孩子和两位老人　⑤自己、爱人、孩子和多位老人　⑥自己一个人

5. 您个人的平均每年的现金收入是:

①2000元以下 ②2001~4000元 ③4001~6000元 ④6001~9000元 ⑤9001~16000元 ⑥16001元以上

6. 您的职业（可多选）：
①务农 ②村干部 ③乡镇企业职工 ④其他企业职工 ⑤个体户 ⑥其他

7. 您对当前城镇和农村社会保障政策的了解程度是：
①非常了解 ②了解大部分 ③了解少部分，但不很清楚 ④完全不了解

8. 您对社会保障政策的认识是从_____得到。
①电视报刊网络 ②社区的宣传栏 ③单位的通告或通知 ④周围人的交谈 ⑤社会保障局的宣传 ⑥专业知识书籍

9. 您对当前国家实施农村养老保险情况的评价是：
①很满意 ②比较满意 ③基本满意 ④不满意 ⑤很不满意

10. 您对当前享受到的新农合保险的评价是：
①很满意 ②比较满意 ③基本满意 ④不满意 ⑤很不满意

11. 总体来看，根据您的认识，您认为现在城镇和农村的社会保障公平吗？
①很公平 ②比较公平 ③有点不公平 ④不公平 ⑤很不公平

12. 假设城镇平均每人享受的养老、医疗等各项社会保障是550元，那么您觉得农村平均每人应该是多少？
①100元以下 ②100~200元 ③200~300元 ④300~400元 ⑤400~500元 ⑥500元以上

13. 您知道当前城镇和农村的社会保障存在差距吗？
①非常了解 ②了解一点 ③听说过，但不很清楚 ④完全不了解

14. 您认为城镇和农村居民在养老保险和医疗保险方面的个人缴费金额：
①应该一样 ②城镇应该比农村高一点 ③城镇应该比农村高很多 ④应该和领取养老金的数额、看病报销的金额对应起来 ⑤应该和人的收入多少对应起来 ⑥农村应该比城镇高

15. 您觉得养老金领取的多少应该和什么有关系（可多选）？
①和每个人的生活消费有关 ②和经济发展水平有关 ③和每个人缴费的多少有关 ④和每个人退休前的收入水平有关 ⑤不清楚

16. 比较以下几项内容，您觉得最不公平的是（最多可选择两项）：
①农村养老保险设立时间比城镇晚 ②农村医疗保险设立时间比城镇晚 ③城镇领取养老金高，农村低 ④城镇居民看病医疗保险报销多，农村报销少 ⑤从农村移居到城市养老保险关系不能连接起来

17. 比较以下几项内容，您觉得最不公平的是（最多可选择两项）：
①移居到另外一个城市养老保险带不走 ②医疗保险不能在居住地以外的地

方报销 ③省与省之间的养老金差距大 ④不同的省对新农合和农村养老保险的补贴金额差距大

18. 您知道城镇职工养老保险和农村养老保险的个人缴费金额有较大差距吗？
①很清楚 ②知道，但不知道具体差距有多大 ③听说过 ④不知道

19. 您知道城镇职工医疗保险和新农合的个人缴费金额有较大差距吗？
①很清楚 ②知道，但不知道具体差距有多大 ③听说过 ④不知道

20. 您认为以下哪些保障项目在城镇和农村之间差距较大（最多选两项）？
①贫困救助 ②医疗社会保险 ③养老社会保险 ④生育保险 ⑤失业保险 ⑥工伤保险

21. 您觉得造成城镇和农村社会保障差距的最主要原因是：
①社会发展规律决定了农村起步较晚 ②城乡居民的个人收入差距大 ③农村较长时间缺少养老保险、医疗保险等制度 ④国家对农村社会保障财政补贴不够

22. 您觉得造成省与省之间社会保障差距的最主要原因是：
①各省经济发展差距大 ②各省居民的个人收入差距大 ③养老保险不能随着个人迁移而转移

23. 请您对①养老保险、②医疗保险、③贫困救助三类保障项目按照对您的重要程度排序。
1. ①②③ 2. ①③② 3. ②①③ 4. ②③① 5. ③①② 6. ③②①

24. 您觉得除了养老保险、医疗保险和贫困救助以外，下列哪些项目对农民来说还是必要的？
①失业保险 ②住房公积金 ③工伤保险 ④生育保险 ⑤都不必要

25. 综合考虑各方面的情况，您认为自己是社会保障制度的：
①受益者 ②受损者 ③不受益也不受损 ④说不清楚

26. 您认为在未来的几年内，城乡社会保障的差距会：
①快速变大 ②缓慢变大 ③保持现状 ④缓慢缩小 ⑤快速缩小 ⑥不清楚

27. 您认为在未来的几年内，省与省之间社会保障差距的状况会：
①快速变大 ②缓慢变大 ③保持现状 ④缓慢缩小 ⑤快速缩小 ⑥不清楚

参考文献

[1] Anders Ljungberg. Process Measurement. International Journal of Physical Distribution & Logistics Management, 2002, 32 (4): 254-287.

[2] Alexandera W., Cappelen Ole. Frithj of Norheim. Responsibility, Fairness and Rationing in Health Care. Health Policy, 2006, 76: 312-319.

[3] Albert O. Hirschman. The Strategy of Economic Development. Yale University Press, 1961.

[4] Bellettini, G & Ceroni, C. B. Is Social Security Really Bad for Growth?. Review of Economic Dynamics, 1999 (2): 796-819.

[5] Barro R, Sala-I-Martin X. Economic Growth. New York: McGraw-Hill, 1995.

[6] Becker, G. S., Murphy, K. M., Tamura, R. Human Capital, Fertility, and Economic Growth. The Journal of Political Economy, 1990, 5 (98): S12-S37.

[7] Buchanan, J. M. An Economic Theory of Clubs. Economica, 1965 (32): 1-14.

[8] Bellettini, G & Ceroni, C. B. Social Security Expenditure and Economic Growth: An Empirical Assessment. Research in Economics, 2000 (54): 249-275.

[9] Brian Barry. Theories of Justice, Berkeley, Calif. Univesity of California Press, 1989: 3-9.

[10] Colin Armistead, Simon Machin. Business Prpcess Management: Implicatioms for Produetivity in MultStage Service Networks. International Joumal of Service Industry Management, 1998, 9 (4): 323-336.

[11] Case Anne, Rosen Harvey. Budget Spillovers and Fiscal Policy Interdependence. Journal of Public Economics, 1993 (52): 285-307.

[12] Dietrich Orlow. A History of Modern Germany: 1871 to Present. New Jersey, 1995: 52.

[13] David Gauthier, Morals by Agreement, Oxford, Clarendon Press, 1986: 218.

[14] Deininger, Klaus and Olinto, Pedro. Asset Distribution. Inequality and Growth. World Bank Policy Research Working Paper, 2000.

[15] Deutsch, M. Distributive justice: A social psychological perspective. New Haven. CT: Yale University Press, 1985.

[16] Eister. J, 1992, Local Justice: How Institutions Allocate Scarce Goods and Necessary Burdens, Russel Sage, NewYork.

[17] Francois Perroux. A Note on the Notion of Growth Pole. Economie Appliquee, 1955.

[18] Feldstein, M.. Social Security, Induced Retirement, and Aggregate Capital Accumulation. The Journal Of Political Economy, 1974 (82): 905 – 926.

[19] Follan, S., Goodman, A. C., Stano, M., The Economics of Health and Heal th Care, Fourth Edition 2004, Pearson Prentice Hall.

[20] Geoffrey, Kollmann. Social Security: Summary of Major Changes in the Cash Benefits Program. Washington, D. C., Congressional Research Service & the Library of Congress, May 18, 2000.

[21] Francois Perroux. Economic Space: Theory and Applications. Quarterly Journal of Economics, 1950 (64): 89 – 104.

[22] Franz Ruland. die Systeme der Alterssicherung. In Franz Ruland, Bert Ruerup, Alterssicherung und Besteuerung, Betriebswirschaftlicher Verlag Dr. th. Gabler, 2008: S. 57.

[23] Franzland. Ueberblick Ueber die Alterssicherung in Deutschland. in: Franz Ruland, Bert Ruerup, Alterssicherung und Besteuerung, Betriebswirtschaftlicher Verlag Dr. th. Gabler, 2008: 27.

[24] Friedman, Milton and Rose Friedman. Free to Choose, New York: Harcout, Brace, Jovanovich, 1980, pp. 102107. Rothenburg. Eric Social Security: A Macroeconomic Issue. The CPA Journal. APRIL 2005.

[25] Galenson, W.. Social Security and Economic Development: A Quantitative Approach. Industrial and Labor Relation Review, 1968, 4 (21): 559 – 569.

[26] Hatfield et al.. Equity and Intimate Relations: Recent Research. in W. Ickes (Ed). Compatible and Incompatible Relationships. New York: Springer Verlag, 1985: 91 – 118.

[27] Gunnar Myrdal. Economic Theory and Under – developed Regions. Gerald Duckworth & Co. 1957.

[28] Harald Deisler. Die Alterssicherung der Landwrite, in: Franz Ruland, Bert Ruerup, Alterssicherung und Besteuerung, Betriebwirtschaftlicher Verlag Dr. Th. Gabler, 2008.

[29] Harold L. Wilensky And Charles Nathan Lebeaux. Industrial Society and Social Welfare: the Impact of Industrialization on the Supply and Organization of Social Welfare Services in the United States. Russell Sage Foundation, 1958.

[30] X. Sala – I – Martin. Regional Cohesion: Evidence and Theories of Regional Growth and Convergence. European Eeonomic Review, 1996 (40): 1325 – 1352.

[31] Lindheim C., Totland T, Lien K M. Enterprise Modeling – A New Task for Process Systems Engineers [J]. Comp & Chem Engng, 1996, 20.

[32] Hayek, F. A., Law, Legislation and Liberty: Rules and Order (I), The University of Chicago Press, 1973.

[33] J. A. Olsen, Theories of Justice and Their Implications for Priority Setting in Health Care, Journal of Health Economics, 1997, 16: 625 – 639.

[34] Jeffrey G. Williamson. Regional Inequality and the Process of National Development: A Description of the Patterns. University of Chicago, 1965.

[35] Kym Anderson and Yujiro Hayami, The Political Economy of Agricultural Protection, East Asia in International Perspective. Sidney: Allen & Unwin in Association with the Australia – Japan Research Centre, Australian National University, 1986.

[36] Lambrecht, S., Michel, P., & Vidal, J.. Public Pensions and Growth. European Eeonomic Review, 2005 (49): 1261 – 1281.

[37] Lee., Everett S.. A Theory of Migration. Demography, 1966 (3): 54, 47 – 57.

[38] Michael Lipton. Urban Bias : Consequences, Class and Causality, Journal of Development, Sudies, 1993 (4): 229 – 257.

[39] Manski, C., Economic Analysis of Economic Interaction, The Journal of Economic Perspectives, 2000 (14): 115 – 136.

[40] Michael Hammer. Reengineering Work: Don't Automate, Obliterate [J]. Harvard Business Review, 1990, 68 (4): 104 – 112.

[41] Wang, Feng&Zuo, Xuejin. Inside China's Cities: Institutional Barries and Opportunities for Urban Migrants. American Economic Review. AEA Papers & ProceedingsMay, 1999.

[42] Mundlak, Yair, Intersectoral Factor Mobility and Agricultural Growth: International Food Policy Resource Institute, Research Report, 1979.

[43] Olson, M. The Logic of Collective Action. Cambridge MA: Harvard University Press, 1965.

[44] R. M. Hare Rawls' Theory of Justice in Norman Daniels ed. Reading Rawls, Oxford: Basil Blackwell Ltd., 1975: 81 – 107.

[45] Ravallion, Martin. Does Aggregation Hide the Harmful Effects of Inequality on Growth? . Economics Letters, 1998 (61): 73 – 77.

[46] Ravallion, M., Decentralizing Eligibility for a Federal Antipoverty Program: A Case Study for China. in the World Bank Economic Review, 2009, 1 (23): 1 – 30.

[47] Raymond Vernon. International Investment and International Trade in the Product Cycle. The Quarterly Journal of Economics, 1966 (80): 190 – 207 Published by: The MIT Press Stable.

[48] Revelli Frederieo, Roaction or Interactlon? Spatial Process identication In Multitiered Government Structures. Journal of Urban Economics, 2003, 53 (1): 29 – 53.

[49] Revelli Frederieo, Local Taxes, National Politics and Spatial Interactions in English District Election Results, European, Journal of Political Economy, 2002, 18 (2): 281 – 299.

[50] Roberts, Kenneth, Chinese Labor Migration: Insights from Mexican Undocumented Migration to the United States. in West, Loraine & Zhao Yaohui (eds.) Rural Labor Flows in China, Institute of East Asian Studies, University of California, Berkeley. 2000.

[51] 王延中. 中国社会保障制度改革发展的几个重大问题 [J]. 中国工业经济, 2009 (8).

[52] 王云. 我国社会保障亟待解决的问题——社会保障指标体系及资金营运 [J]. 经济理论与经济管理, 1999 (4).

[53] 温涛, 王煜宇. 政府主导的农业信贷、财政支农模式的经济效应——基于中国1952~2002年的经验验证 [J]. 中国农村经济, 2005 (10).

[54] 乌日图. 医疗保险制度国际比较 [M]. 北京: 化学工业出版社, 2003.

[55] 吴忠民. 从平均到公正: 中国社会政策的演进 [J]. 社会学研究, 2004 (1).

[56] 信卫平. 公平与不平 [M]. 北京: 中国劳动社会保障出版社, 2002.

[57] 许飞琼. 社会保障指标及其体系研究 [J]. 经济评论, 1996 (3).

[58] 信长星. 关于就业、收入分配、社会保障制度改革中公平与效率问题的思考 [J]. 中国人口科学, 2008 (1).

[59] 杨瑞龙. 我国制度变迁方式转换的三阶段论 [J]. 经济研究, 1998

（1）．

[60] 杨静．马克思主义视角下的西方公共产品理论批判性解读 [J]．教学与研究，2009（8）．

[61] 杨翠迎．中国社会保障制度的城乡差异及统筹改革思路 [J]．浙江大学学报（人文社会科学版），2005（4）．

[62] 杨翠迎，何文炯．社会保障水平与经济发展的适应性关系研究 [J]．公共管理学报，2004（3）．

[63] 徐梦秋．公平的类别与公平中的比例 [J]．中国社会科学，2001（1）．

[64] 徐倩，李放．我国财政社会保障支出的差异与结构：1998～2009年 [J]．改革，2012（2）．

[65] 朱庆芳．建立社会保障指标体系的设想和对1988年社会保障指标的简要分析 [J]．社会科学辑刊，1990（3）．

[66] 阿拉斯戴尔·麦金泰尔．追寻美德：伦理理论研究 [M]．宋继杰译．北京：译林出版社，2003．

[67] 阿玛蒂亚·森．论经济不平等——不平等之再考察 [M]．北京：社会科学文献出版社，2006．

[68] 埃斯平-安德森著．福利资本主义的三个世界 [M]．郑秉文译．北京：法律出版社，2003．

[69] 安东尼·B．阿特金森，约瑟夫·E．斯蒂格里茨．公共经济学 [M]．蔡江南，许斌，邹华明译．上海：上海三联书店出版社，1992．

[70] 安格斯·麦迪森著．世界经济千年史 [M]．伍晓鹰等译．北京：北京大学出版社，2003．

[71] 安虎森．增长极理论评述 [J]．南开经济研究，1997（2）．

[72] 坂脇昭吉，中原弘二．现代日本的社会保障 [M]．杨河清等译．北京：中国劳动社会保障出版社，2006．

[73] 庇古·朱泱，张胜纪．福利经济学 [M]．吴良健译．北京：商务印书馆，2006．

[74] 郑秉文．改革开放30年中国流动人口社会保障的发展与挑战 [J]．中国人口科学，2008（5）．

[75] 郑秉文．中国社会保障制度60年：成就与教训 [J]．中国人口科学，2009（5）．

[76] 郑功成．中国社会保障30年 [M]．北京：人民出版社，2008．

[77] 陈丽明．构建社会保障评价指标与目标初探 [J]．统计与预测，北京：

1996（5）．

［78］郑功成．中国社会保障制度变迁与评估［M］．北京：中国人民大学出版社，2002.

［79］成思危．复杂科学与组织管理［J］．科学，2001（1）．

［80］周章玉，杨少华，成思危，华贲．过程工业企业模型系统及战略建模［J］．化工进展，2000（5）．

［81］道格拉斯·C. 诺斯．经济史中的结构与变迁［M］．上海：上海三联书店，上海人民出版社，1994.

［82］邓大松等．中国社会保障若干重大问题研究［M］．北京：海天出版社，2000.

［83］丁易．德国社会保障制度及其改革［J］．中国工业经济，1998（6）．

［84］郑功成．中国社会保障改革与发展战略——理念、目标与行动方案［M］．北京：人民出版社，2008.

［85］中共中央马克思恩格斯列宁斯大林著作编译局编译．马克思恩格斯全集［M］．北京：人民出版社，1980.

［86］中共中央文献研究室、国务院发展研究中心．新时期农业和农村工作重要文献选编［M］．北京：中央文献出版社，1992.

［87］中共中央印发《关于进一步加强和完善农业生产责任制的几个问题》的通知．人民网官网，http：//cpc. people. com. cn/GB/64184/64186/66677/4493828. html.

［88］格琳德·辛恩，汉斯-维尔纳·辛恩．冰冷的启动：从国民经济视角看德国统一［M］．晏扬译．上海：上海三联书店，2012.

［89］中国发展研究基金会．中国发展报告2008/09：构建全民共享的发展型社会福利体系［M］．北京：中国发展出版社，2009.

［90］中国社会保障体系研究课题组．中国社会保障制度改革：反思与重构［J］．社会学研究，2000（6）．

［91］国家财政部．中国财政年鉴［M］．北京：中国财政杂志社．

［92］国家民政部．中国民政统计年鉴2001~2011［M］．北京：中国统计出版社．

［93］国家民政部综合计划司．中国民政统计年鉴1992~2000［M］．北京：中国民政统计年鉴编辑部．

［94］国家人口和计划生育委员会流动人口服务管理司．中国流动人口发展报告2010［M］．北京：中国人口出版社，2010.

［95］国家统计局．2011年我国农民工调查监测报告．

[96] 国家统计局. 从基尼系数看贫富差距 [J]. 中国国情国力, 2001 (1).

[97] 国家统计局. 中华人民共和国2012年国民经济和社会发展统计公报. 官方网站, http://www.stats.gov.cn/tjgb/ndtjgb/qgndtjgb/t20130221_402874525.htm.

[98] 国家统计局. 中国统计年鉴 [M]. 北京:中国统计出版社.

[99] 国家统计局局长马建堂就2012年国民经济运行情况答记者问. 官方网站, http://www.stats.gov.cn/.

[100] 国家统计局人口和就业统计司,人力资源和社会保障部规划财务司. 中国劳动统计年鉴 [M]. 北京:中国统计出版社.

[101] 国家统计局人口和就业统计司. 中国人口和就业统计年鉴2011 [M]. 北京:中国统计出版社.

[102] 国家卫生部. 中国卫生统计年鉴. 北京:中国协和医科大学出版社.

[103] 《国务院关于印发国家基本公共服务体系"十二五"规划的通知》(国发〔2012〕29号), 2012年7月11日发布.

[104] Harvey S. Rosen. 财政学 [M]. 北京:清华大学出版社, 2005.

[105] 哈耶克. 自由秩序原理 [M]. 北京:三联书店, 1997.

[106] 郝铁川. 权利实现的差序格局 [J]. 中国社会科学, 2002 (5).

[107] 何平, 李实, 王延中. 中国发展型社会福利体系的公共财政支持研究 [J]. 财政研究, 2009 (6).

[108] 何振一, 阎坤, 雷爱先. 构造有中国特色的市场经济财政体系 [M]. 南京:江苏人民出版社, 1999.

[109] 和春雷. 当代德国社会保障制度 [M]. 北京:法律出版社, 2001.

[110] 宏观经济研究院课题组. 公共服务供给中各级政府事权、财权划分问题研究 [J]. 宏观经济研究, 2005 (5).

[111] 中国乡镇企业及农产品加工业年鉴编辑委员会. 中国乡镇企业及农产品加工业年鉴 [M]. 北京:中国农业出版社.

[112] 中国乡镇企业年鉴编辑组. 中国乡镇企业年鉴 [M]. 北京:中国农业出版社.

[113] 周飞舟. 分税制十年:制度及其影响 [J]. 中国社会科学, 2006 (6).

[114] 周弘. 30国(地区)社会保障制度报告 [M]. 北京:中国劳动社会保障出版社, 2011.

[115] 周沛. 社会福利体系研究 [M]. 北京:中国劳动社会保障出版社, 2007.

[116] 江华，王筱欣. 城乡社会保障公平"度"的判别与衡量. 第三届中国社会保障论坛文集——中国社会保障的科学发展年［C］. 北京：中国劳动保障出版社，2008.

[117] 杨少华，蔡启奋. 城市社会保障统计与评估指标体系之研究［J］. 中国统计，2000（10）.

[118] 杰里米·边沁. 论道德与立法的原则［M］. 程立显，宇文利译. 西安：陕西人民出版社，2009.

[119] 卡尔多. 经济学的福利命题和个人间的效用比较［J］. 政治经济学杂志，1939（9）.

[120] 杨燕绥. 社会保障：最大项公共品之一［J］. 中国劳动保障，2006（4）.

[121] 柯卉兵. 社会保障转移支付的公共经济学解析［J］. 当代财经，2010（8）.

[122] 柯卉兵. 中国社会保障财政支出的地区差异问题分析［J］. 公共管理学报，2009（1）.

[123] 克里斯塔勒. 德国南部的中心地［M］. 常正文，王兴中译. 北京：商务印书馆，2010.

[124] 莱昂内尔·罗宾斯. 经济科学的性质和意义［M］. 朱泱译. 北京：商务印书馆，2000.

[125] 勒施著. 经济的空间秩序［M］. 王守礼译. 北京：商务印书馆，2010.

[126] 李超民. 美国社会保障制度［M］. 上海：上海人民出版社，2009.

[127] 李焕彰，钱忠好. 财政支农政策与中国农业增长：因果与结构分析［J］. 中国农村经济，2004（9）.

[128] 李玲，江宇，陈秋霖. 改革开放背景下的我国医改30年［J］. 中国卫生经济，2008（2）.

[129] 李实. 中国农村劳动力流动与收入增长和分配［J］. 中国社会科学，1999（2）.

[130] 杨友麒，成思危. 知识经济时代的过程系统工程——面临的挑战与发展的趋势［J］. 系统工程理论与实践，2002（8）.

[131] 李珍，曹清华. 社会保障转移支付中的结构失衡和区域差异研究［J］. 宁夏大学学报（人文社会科学版），2007（3）.

[132] 理查德·蒂特马斯. 社会政策十讲［M］. 长春：吉林出版集团有限责任公司，2011.

[133] 联邦统计局. 联邦德国统计年鉴 [M]. 威斯巴登, 1990.

[134] 姚玲珍. 德国社会保障制度 [M]. 上海: 上海人民出版社, 2009.

[135] 林闽钢. 我国城乡社会保障体系协调发展战略研究 [J]. 苏州大学学报, 2011 (5).

[136] 朱玲. 中国社会保障体系的公平性与可持续性研究 [J]. 中国人口科学, 2010 (5).

[137] 约瑟夫·斯蒂格里茨. 公共部门经济学（第三版）[M]. 北京: 中国人民大学出版社, 2005.

[138] 林治芬. 中国社会保障的地区差异及其转移支付 [J]. 财政研究, 2002 (5).

[139] 刘继同. 发展型社会福利与发展型社会工作教育 [J]. 国外社会科学, 1994 (11).

[140] 陆大道, 薛凤旋. 1997 中国区域发展报告 [M]. 北京: 商务印书馆, 1997.

[141] 陆铭, 陈钊. 城市化、城市倾向的经济政策与城乡收入差距 [J]. 经济研究, 2004 (6).

[142] 罗伯特·诺齐克著. 无政府、国家与乌托邦 [M]. 姚大志译. 北京: 中国社会科学出版社, 2008.

[143] 罗纳德·德沃金著. 认真对待权利 [M]. 信春鹰, 吴玉章译. 上海: 上海三联书店出版社, 2008.

[144] 洛克. 政府论（下篇）[M]. 叶启芳, 瞿菊农译. 北京: 商务印书馆, 1964.

[145] 吕学静. 日本社会保障制度 [M]. 北京: 经济管理出版社, 2000.

[146] 于树一. 公共服务均等化的理论基础探析 [J]. 财政研究, 2007 (7).

[147] 马骏. 中央向地方的财政转移支付——一个均等化公式和模拟结果 [J]. 经济研究, 1997 (3).

[148] 马敏娜. 建立我国社会保障指标体系的设想 [J]. 中国统计, 2000 (11).

[149] 迈克尔·J. 桑德尔. 自由主义与正义的局限 [M]. 万俊人等译. 上海: 译林出版社, 2001.

[150] 毛捷. 中国社会福利体系适度性研究——国际比较与实证分析 [I]. 财贸经济, 2012 (2).

[151] 穆怀中. 国民财富与社会保障收入再分配 [M]. 北京: 中国劳动社会

保障出版社，2003.

[152] OECD 研究报告. 中国公共支出面临挑战——通往更有效和公平之路[M]. 北京：清华大学出版社，2006.

[153] 彭海艳. 我国社会保障支出的地区差异分析[J]. 财经研究，2007（6）.

[154] 钱学森，于景元，戴汝为. 一个科学新领域——开放的复杂巨系统及其方法论[J]. 自然杂志，1990（1）.

[155] 钱学森. 基础科学研究应该接受马克思主义哲学的指导[J]. 哲学研究，1989（3）.

[156] 乔治·恩德勒. 面向行动的经济伦理学[M]. 尹继佐等编译. 上海：上海社会科学院出版社，2002.

[157] 秦颖. 论公共产品的本质——兼论公共产品理论的局限性[J]. 经济学家，2006（3）.

[158] 人民网：党史百科，网址：http://dangshi.people.com.cn/GB/165617/173273/10415171.html.

[159] 日本总务省统计研修所. 日本统计年鉴2009. 总务省统计局发行，2009.

[160] 申曙光，郝佳. 中国社会保障支出水平及其与经济发展的相关性分析. 第三届中国社会保障论坛文集——中国社会保障的科学发展年[C]. 北京：中国劳动保障出版社，2008.

[161] 申曙光，孙健. 论社会保障发展中的七大关系——基于社会公平的视角[J]. 学习与探索，2009（4）.

[162] 沈洁. 日本社会保障制度的发展[M]. 北京：中国劳动社会保障出版社，2004（8）.

[163] 约翰·罗尔斯著. 正义论[M]. 何怀宏等译. 北京：中国社会科学出版社，2009.

[164] 世界银行. 2006世界发展报告[R]. 北京：清华大学出版社，2006.

[165] 舒晓惠. 社会保障综合评价指标体系及评价方法[J]. 统计与决策，2006（11）.

[166] 宋金文. 日本农村社会保障[M]. 北京：中国社会科学出版社，2007.

[167] 唐任仲，O. Mejabi. 过程管理技术[J]. 浙江大学学报（工学版），2002（3）.

[168] 陶然，徐志刚. 城市化、农地制度与迁移人口社会保障[J]. 经济研

究,2005(12).

[169] 滕玉芝,李瑛珊.对我国社会保障统计指标体系的整体设计研究[J].当代经济研究,2003(2).

[170] 托马斯·斯坎伦.平等何时变得重要?[J].学术月刊,2006(1).

[171] 王诚.论社会保障的生命周期及中国的周期阶段[J].经济研究,2004(3).

[172] 王国军.中国城乡社会保障制度衔接初探[J].战略与管理,2000(2).

[173] 王思斌.我国适度普惠型社会福利制度的建构[J].北京大学学报(哲学社会科学版),2009(3).

课题组发表的论文成果和获得成果奖励

一、发表学术论文

1. 中国省际社会保障经济公平非均衡发展评估［J］. 中国人口科学（CSSCI），2012（5）.

2. 中国城乡社会保障经济公平非均衡发展评估［J］. 经济管理（CSSCI），2012（12）.

3. 流动人口养老保险参与意愿及其影响因素的实证研究——基于"有限理性"学说［J］. 人口学刊（CSSCI），2012（4）.

4. 农村低保线救助能力评估：需求层次与扩展线性支出法结合［J］. 人口与经济（CSSCI），2014（1）.

5. 提高退休年龄与开发高技能老年人才资源：作用机制及制度设计［J］. 经济学家（CSSCI），2013（10）.

6. 开发利用高技能老年人才资源的路径研究——以延长退休年龄为视角［J］. 大连理工大学学报（CSSCI），2013（3）.

7. 中国城镇地区性别工资差距的分布变化：2002-2008［J］. 人口学刊（CSSCI），2014.

8. 发达国家老年人长期照护制度研究综述——兼论国外老年人长期照护制度的对策［J］. 学术论坛（CSSCI），2013（12）.

9. 北京市老年人网络养老服务需求意愿及影响因素分析——基于"北京市城市老年人网络养老需求意愿"调查数据［J］. 社会保障研究（CSSCI 扩展版），2013（6）.

10. 低保线评估：基于需求层次与扩展线性支出法的测算［J］. 西北人口（CSSCI），2012（6）.

11. 国外老年人长期照护制度研究述评［J］. 山西师大学报（社会科学版）（北大核心），2014（1）.

二、省部级成果奖励

中国省际社会保障经济公平非均衡研究：2001～2010，国家人力资源社会保障部三等奖，2013.8.